Aspectos
do
feminino

Dados Internacionais de Catalogação na Publicação (CIP)
(Câmara Brasileira do Livro, SP, Brasil)

Jung, C.G., 1875-1961
   Aspectos do feminino / C.G. Jung. – Petrópolis, RJ : Vozes, 2019.

   Título original : Aspects of the feminine.
   Vários tradutores.
   Bibliografia.

   6ª reimpressão, 2023.

   ISBN 978-85-326-6268-2

   1. Feminino 2. Mulheres e psicanálise 3. Mulheres – Psicologia 4. Psicologia junguiana I. Título.

19-28675 CDD-150.1954

Índices para catálogo sistemático:
1. Psicologia junguiana   150.1954

Maria Alice Ferreira – Bibliotecária – CRB-8/7964

C.G. Jung

Aspectos do feminino

Com prefácio de **Walter Boechat**

Tradução de Lúcia Mathilde Endlich Orth,
Frei Valdemar do Amaral, O.F.M., Maria Luiza Appy,
Dora Mariana Ribeiro Ferreira da Silva,
Dom Mateus Ramalho Rocha, O.S.B. e
Gentil Avelino Titton

EDITORA VOZES

Petrópolis

© 1982 Routledge & Kegan Paul
© 1982 Princeton University Press
© 2007 Foundation of the Works of C.G. Jung, Zürich

Tradução do original em inglês intitulado *Aspects of the feminine,* by C.G. Jung

Esta obra inclui textos dos seguintes volumes da obra completa de C.G. Jung: 6, 7/2, 9/1, 9/2, 10/3 e 17.

Direitos de publicação em língua portuguesa
2019, Editora Vozes Ltda.
Rua Frei Luís, 100
25689-900 Petrópolis, RJ
www.vozes.com.br
Brasil

Todos os direitos reservados. Nenhuma parte desta obra poderá ser reproduzida ou transmitida por qualquer forma e/ou quaisquer meios (eletrônico ou mecânico, incluindo fotocópia e gravação) ou arquivada em qualquer sistema ou banco de dados sem permissão escrita da editora.

CONSELHO EDITORIAL

Diretor
Volney J. Berkenbrock

Editores
Aline dos Santos Carneiro
Edrian Josué Pasini
Marilac Loraine Oleniki
Welder Lancieri Marchini

Conselheiros
Elói Dionísio Piva
Francisco Morás
Gilberto Gonçalves Garcia
Ludovico Garmus
Teobaldo Heidemann

Secretário executivo
Leonardo A.R.T. dos Santos

Diagramação: Sheilandre Desenv. Gráfico
Revisão gráfica: Nilton Braz da Rocha
Capa: WM design
Ilustração de capa: Quadro 7, caderno iconográfico de *Os arquétipos e o inconsciente.* 11. ed. [OC 9/1]. Petrópolis: Vozes, 2014.

ISBN 978-85-326-6268-2 (Brasil)
ISBN 978-0-691-01845-4 (Estados Unidos)

Este livro foi composto e impresso pela Editora Vozes Ltda.

Nota editorial[1]

A presente coleção oferece uma série de artigos e extratos dos escritos de Jung que transmitem suas visões sobre o feminino e sobre temas que são intrínsecos ou relacionados: casamento, eros, a mãe, a virgem/donzela e o conceito de anima/animus, que é uma característica central da teoria da estrutura da personalidade de Jung. Jung não produziu uma exposição formal única da psicologia da mulher, talvez porque algumas de suas colegas mulheres – principalmente Toni Wolff, Esther Harding e Emma Jung – estavam trabalhando separadamente e de maneira abrangente com este tema.

Estas seleções, fornecidas em ordem cronológica, vão de 1921, quando Jung dedicou uma importante seção dos *Tipos psicológicos* à análise da veneração da mulher na poesia, até 1951, quando ele apresentou uma análise madura dos conceitos entrelaçados de sombra, anima e animus numa obra posterior, *Aion*.

"A maior contribuição de Jung à psicologia feminina é provavelmente seu conceito de animus, o componente arquetípico (masculino) contrassexual da psique feminina", escreveu recentemente Mary Ann Matttoon. "Jung tendia a realçar seus aspectos negativos. [...] Muito pouco se escreveu sobre o lado positivo do animus. Jung mencionou sua 'função discriminativa', que 'dá à consciência da mulher uma

---

1. Traduzida por Gentil Avelino Titton.

capacidade de reflexão, deliberação e autoconhecimento'", e suas qualidades de criatividade, procriatividade, assertividade e iniciativa. Para uma interpretação das abordagens do tema do feminino por Jung e seus seguidores, remetemos o leitor ao livro de Mattoon *Jungian Psychology in Perspective* (1981), p. 84ss.

W.M.

Sumário

Prefácio, 9
Walter Boechat

I
Culto à mulher e culto à alma, 23
O problema amoroso do estudante, 49
O casamento como relacionamento psíquico, 71
A mulher na Europa, 89
Anima e animus, 116

II
Aspectos psicológicos do arquétipo materno, 151
   1. O conceito de arquétipo, 151
   2. O arquétipo materno, 158
   3. O complexo materno, 162
   4. Os aspectos positivos do complexo materno, 171
   5. Resumo, 181

III
Aspectos psicológicos da Core, 197
A sombra e a sizígia, 226

Prefácio

Walter Boechat

A ampla obra de C.G. Jung atravessa fases distintas nas quais o problema do feminino ou da mulher adquire tonalidades diferentes. O princípio feminino ocupa importantes espaços nas diversas fases da obra do criador da psicologia complexa. A presente coletânea de ensaios contempla desde uma importante reflexão sobre o feminino em *Tipos psicológicos* (1921) até uma abordagem tardia sobre a questão do gênero em sua obra *Aion* (1951).

No primeiro ensaio, *Culto à mulher e culto à alma* (1921), Jung elabora uma fascinante reflexão sobre o culto à mulher em um escrito do cristianismo primitivo, *O pastor de Hermas*, do ano 140 a.D. Nesse trabalho são analisadas visões do escravo Hermas, que se apaixona por sua senhora Rhoda, ao ajudá-la a sair de um banho no Rio Tibre. A mulher, aqui o receptáculo das projeções arquetípicas do eterno feminino, é o próprio cadinho de transformações culturais. Em caminhada a Cumes, local dos oráculos e das Sibilas, Hermas é acompanhado de visões. Primeiro aparece Rhoda, que o acusa de pecado, por tê-la desejado em seu coração, depois uma senhora idosa de manto escuro, que posteriormente Hermas entende ser uma personificação da própria mãe Igreja. Nessas visões pode-se perceber uma verdadeira transformação da libido, tanto em nível individual quanto coletivo, nesse momento cultural da maior importância para o desenvolvimento espiritual do Ocidente, a transição do paganismo para o cristianismo. A *Senhora da Alma* funciona como símbolo de transformação da libido em nível individual, mas também simbolizando a grande transformação da libido no inconsciente cultural naquele momento particular no Ocidente pelo movimento de cristianização.

Jung faz ainda referência a obras fundamentais que prepararam o advento da Modernidade, nas quais o feminino se faz presente de forma definitiva: *A divina comédia*, de Dante Allighieri, e o *Fausto*, de Goethe. No primeiro caso, Beatriz é a representação mais pura e sublime do divino, guiando Dante até suas experiências mais sublimes; nesse caso, o feminino e a divindade se fundem na beleza transcendente. A experiência de Fausto com o feminino é semelhante e obedece a estágios bem-demarcados de uma iniciação: de Margarida a Helena, e desta à própria Mãe do Senhor.

Aqui a mulher aparece em sua força espiritual original, agindo no inconsciente como repositório ancestral das experiências do homem com o princípio feminino, princípio ao qual Jung deu o nome latino de *anima*.

Os capítulos seguintes da parte I, *O problema amoroso do estudante* (1924), *O casamento como relacionamento psíquico* (1925) e *A mulher na Europa* (1927) constituem um curioso contraponto ao primeiro ensaio, pois a mulher aqui é tomada em sua forma mais concreta, em sua sexualidade, em suas relações com o homem na cultura suíça e europeia de uma maneira geral. A sexualidade dos jovens estudantes europeus e o papel da mulher europeia numa cultura em transição aparecem aqui numa abordagem um tanto tradicional, principalmente se olhados pela perspectiva da enorme crise de gênero da cultura contemporânea, um momento no qual as identidades de gênero chegam mesmo a multiplicar-se. Mas se por momentos, como nesses últimos ensaios, o Jung antes de chegar à maturidade dos 50 anos demonstra uma atitude mais conservadora, dentro do espírito da época, paradoxalmente ele forneceu à psicologia um instrumental revolucionário para pensar a crise contemporânea de comportamentos e identidades sexuais, com seus conceitos de *anima* e *animus*. A psicologia complexa de Jung enfatiza a bissexualidade inerente a todo ser humano, homens e mulheres, e essa perspectiva é fundamental para a compreensão psicológica da revolução sexual que se instaurou no Ocidente a partir dos anos de 1970, com todos os seus componentes sociais e econômicos.

Em *O casamento como relacionamento psíquico* Jung se dedica a desvelar as complicações derivadas do relacionamento de duas pessoas dentro do casamento. Apesar das inevitáveis influências do tempo e da cultura em que viveu as questões da *anima* e do *animus*, são contribuições importantes de Jung para o estudo daquilo que mais tarde ele iria chamar de *o quaternio do casamento*, as projeções cruzadas de *anima* e *animus* no relacionamento. Jung lança mão de um modelo de duas personalidades, uma mais complexa, outra mais simples, que se relacionam à maneira de dois objetos sólidos, o *continente* (personalidade complexa) e o *conteúdo* (personalidade simples). Desde essas tentativas iniciais de Jung de abordar a relação marital, o tema do casamento sofreu grandes transformações na cultura, e as diversas escolas de psicologia procuraram acompanhar essas transformações. Dentro da psicologia junguiana, a tipologia dos casais foi objeto de pesquisa. Alguns junguianos contemporâneos puderam desenvolver importantes articulações entre a teoria sistêmica de terapia de família da Escola de Palo Alto e a psicologia complexa de Jung para a abordagem da terapia de família e casal.

O escrito *A mulher na Europa* (1927) demonstra pelo seu título e época de publicação a forte influência histórica e cultural. A Europa vivia então o período entreguerras, ainda se recompondo do morticínio da Primeira Grande Guerra. Jung chama a atenção também que, quando se diz "mulher europeia", a qual mulher se refere? A cultura da modernidade da época só poderia ser encontrada nos grandes centros; à medida que se entrasse em regiões rurais e afastadas, uma verdadeira mentalidade medieval seria encontrada, com problemas e crenças do passado. Na verdade, esse foi uma questão que Jung vivenciou em sua própria vida, quando viveu seus primeiros anos em regiões rurais da Suíça. Procurou enfatizar isso em sua autobiografia como fator importante em sua formação. Aqui também a mulher na Europa deve ser considerada sob certas condições onde vive.

Há uma frase de Jung que pode ser considerada profética em relação à eclosão do nazismo anos depois: "o que chamamos *presente* não passa de uma fina camada superficial que se cria nos grandes centros da humanidade. É muito fina, como no caso da antiga Rússia, e assim é irrelevante (como os acontecimentos mostraram)". Essa fina camada (também muito presente na Alemanha de então – vide o ensaio do próprio Jung, *Wotan* (1933), ao se espessar é que cria condições para uma vida cultural consistente, com seus valores e problemas. É nessa cultura que para Jung se situava a típica mulher europeia de então. E nessa cultura de então a mulher vivia geralmente à sombra de um homem, fosse seu marido ou seu pai. Os papéis sexuais ainda bastante definidos, com as mulheres com pouco acesso ao mercado de trabalho. Nesse sentido, a racionalidade feminina, sua criatividade e o pioneirismo nas ciências e nas artes ainda estavam menos conhecidos. Jung aponta a presença das mulheres predominante como objeto de atenção, precursoras em psicopatologia, como a vidente de Prevost do século XVI ou Helène Smith, a famosa paciente-*medium* de Théodore Flournoy.

As conquistas da mulher a partir dos anos de 1970, com a revolução sexual e dos costumes, foi bastante intensa, e é nesse contexto que algumas colocações de Jung aqui devem ser tomadas em seu contexto da época, principalmente quando fala da questão da *anima* e do *animus*. A revolução social trazida pela descoberta da pílula anticoncepcional e o desenvolvimento de uma tecnologia de conservação de alimentos mudaram os hábitos femininos na economia doméstica. Os terapeutas contemporâneos podem mesmo observar uma flexibilização de papéis de gênero na clínica atual; homens e mulheres no casamento ocupando tarefas bastante intercambiáveis, de acordo com o momento e com a necessidade.

O texto *Anima e animus* faz parte do importante trabalho teórico de Jung *O Eu e o inconsciente* (1928) que, por sua vez, é um desdobramento de um texto original mais antigo: *L'estructure de l'inconscient* (1916). Este último texto foi produzido ainda durante a escrita de *O Livro Vermelho* e faz parte das primeiras tentativas de Jung de organizar de forma teórica coerente suas profundas vivências por ocasião de seu confronto com o inconsciente. A experiência original com a *anima* se dá pela primeira vez enquanto Jung organizava o *Livro Negro* número dois[2]. Os conceitos de *anima* e *animus* são, portanto, fundamentais na sistematização das vivências subjetivas de Jung e do construto teórico da psicologia complexa.

---

2. Os chamados *Livros Negros* são cadernos de anotações preparatórios para a escrita final de *O Livro Vermelho*. A referência à descoberta da mulher interior durante a escrita desses livros e relatada por Shamdasani (2010).

Em suas formulações iniciais nesses trabalhos, Jung procurou definir psicologicamente que a fascinação que o mundo do feminino exerce sobre o homem tem origem em seu próprio inconsciente. Com o conceito de *anima* Jung conceituou as experiências típicas do homem com a mulher em todos os tempos, desde os primórdios da cultura, e que lhe são desconhecidas, misteriosas e fascinantes. Essas influências do princípio feminino são distintas de outras típicas, derivadas do princípio materno ao qual Jung descreveu como Arquétipo da Grande Mãe. À *anima* estão associadas uma série de virtudes, como sensibilidade, facilidade no relacionamento, inspiração e criatividade; também qualidades não tão desejáveis lhe são associadas, como estados de humor variáveis e depressão.

Da mesma forma, ao psiquismo feminino Jung conceitua um elemento arquetípico análogo, o *animus*. Essência espiritual, reflexão, guia para regiões de profundidade e maturidade psíquica, o *animus* também frequentemente adquire nessas formulações iniciais de Jung um caráter negativo, manifestando-se como opiniões pré-concebidas e julgamentos apressados e superficiais.

Nessas formulações Jung se apoia em sua perspectiva de compensação e totalidade psicológica. O homem, com seu predomínio de consciência masculina, terá o inconsciente com tonalidade feminina, a *anima*; inversamente, a mulher terá o inconsciente masculino, o *animus*. Dentro dessa perspectiva, os conceitos *anima e animus* sofreram naturalmente a influência da cultura da época com os papéis do homem e da mulher em geral, rigorosamente marcados.

Com as mudanças culturais que tiveram início na segunda metade do século XX, os papéis de gênero sofreram e estão sofrendo na sociedade contemporânea progressiva transformação, as mulheres ocupando cada vez mais os postos no mercado de trabalho e de liderança, e as identidades de gênero tradicionais do homem e da mulher sofrem um verdadeiro processo de revolução.

A parte II deste livro é dedicada ao ensaio *Aspectos psicológicos do arquétipo materno*, cuja primeira versão é a do Encontro Cultural Eranos de 1939. Temos aqui a versão modificada de 1951. O estudo sobre esse importante tema é aqui retomado em nível de maior profundidade e sofisticação teórica, após as abordagens iniciais em *Transformações e símbolos da libido* (1911), quando o Arquétipo da Grande Mãe é abordado sobre um ponto de vista mitológico, dentro do mitologema da luta do herói contra o monstro materno, mitologema – símbolo da organização original da consciência. Agora Jung esclarece em detalhe o seu conceito fundamental de arquétipo antes de aprofundar o arquétipo específico da Grande Mãe. Discrimina a imagem primordial, o *urbild*, do arquétipo, uma estrutura vazia, uma *facultas prae formandi*, uma faculdade pré-formadora de imagens, ativada por situações dadas. O autor se estende também sobre as relações e influências do arquétipo materno sobre o complexo materno no homem e na mulher.

Tratando do arquétipo materno especificamente, Jung lembra suas inumeráveis formas: "a própria mãe e a avó, a madrasta e a sogra, uma mulher qualquer com a qual nos relacionamos, a ama de leite ou ama-seca, a antepassada e a mulher branca; no sentido da transferência mais elevada à deusa, principalmente a mãe de Deus, a Virgem; ...Sofia (enquanto mãe que é também a amada); ...a meta da nostalgia da salvação (Paraíso, Reino de Deus, Jerusalém celeste); em sentido mais amplo, a Igreja, a universidade, a cidade ou país, o céu, a terra, o mar e as águas quietas....." e muitos outros.

Os múltiplos símbolos da Grande Mãe falam de sua universalidade e de sua importância no estudo da personalidade individual. Esse é o ponto central desse trabalho, quando Jung enfatiza que considera a importância da mãe pessoal na etiologia das neuroses apenas relativa. Na própria questão do trauma, o evento concreto está sempre associado à fantasia – nisso Freud e Jung concordaram –, e na fantasia estão sempre presentes elementos arquetípicos, o arquétipo mãe, que interfere nas relações da criança com a mãe pessoal.

De forma bastante didática, Jung procura discriminar os efeitos do arquétipo materno no menino e na menina, atuando sob a forma de complexo materno.

Para o menino, Jung recorre ao mitologema dos deuses da antiga Frígia, a Grande Mãe Cibele e seu filho amante Atis. Este, ao se apaixonar por uma ninfa do Rio Sangarius, produz em Cibele uma reação violenta: leva seu filho à loucura, desorientação e autocastração. O mitologema expressa um complexo materno extremamente negativo, castração simbólica e impossibilidade de uma relação criativa com o mundo.

É claro que existem situações em que o complexo materno atua de forma positiva para o menino, especialmente em situações em que o pai é elemento mais negativo. Nesses casos, a mãe pode atuar como elemento protetor e facilitador da individuação.

O complexo materno na mulher é descrito de forma elaborada. Há várias formas que o complexo pode assumir: a hipertrofia do aspecto maternal, a exacerbação do eros, a identificação com a mãe e a defesa contra a mãe. A hipertrofia do aspecto maternal leva a uma exacerbação dos instintos femininos; em primeiro lugar, do instinto materno. A mulher se torna superprotetora em suas relações, muitas vezes de forma inadequada. O complexo materno na mulher nem sempre leva a uma intensificação do materno, mas a uma exacerbação do eros, com uma relação incestuosa com o pai e mesmo uma erotização exagerada dos relacionamentos. Na identificação com a mãe, a mulher tem enorme dificuldade em ter contato com seus próprios valores e desejos, vivendo uma vida de repetição de valores e imagens introjetados da figura materna desde a infância. Há casos nos quais o complexo materno negativo na menina assume os traços de uma defesa contra a mãe. Tudo o que se refere à figura da mãe é evitado a todo custo. Essa resistência contra a mãe chega mesmo ao nível do arquétipo, enquanto *uterus*, lembra Jung, provocando distúrbios de gravidez, dificuldade em engravidar, hemorragias e vômitos. A rejeição à mãe enquanto *mater-ia* leva à dificuldade na manipulação das louças e ao mau gosto na escolha de roupas.

A parte III do presente volume se inicia com um ensaio de Jung publicado originalmente em 1941, *Aspectos psicológicos da Core*. O estudo fez parte de um volume em conjunto com o mitólogo húngaro Cároly Kerényi, que escreveu o ensaio *Core*. Kerényi, assim como Jung, foi presença carismática nos encontros culturais do Círculo de Eranos, e as tangências interdisciplinares da mitologia e psicologia foram exploradas com rara habilidade pelos dois sábios. A figura mitológica de Core (gr. "a jovem") e sua deusa-mãe Demeter remetem aos Mistérios de Elêusis, ritual importante no mundo grego antigo, tendo perdurado desde o segundo milênio antes de Cristo até os inícios da Era Cristã, quando as tropas de Alarico destruíram o Templo de Elêusis. Central aos mistérios é o mito da deusa-mãe e sua filha, Core. Desde que Jung chamou a atenção para a grande importância psicológica desse mitologema, muito se tem escrito e debatido sobre ele entre analistas junguianos. É um mitologema eminentemente feminino, pois diz respeito basicamente à relação mãe-filha. O masculino aparece apenas secundariamente, ainda assim na figura de um deus raptor, o obscuro deus subterrâneo Hades ou Plutão, que abduz a inocente Core o para seu mundo subterrâneo.

A íntima relação de Demeter-Core diz respeito às relações psicológicas da mãe e da filha, como o mundo de uma se prolonga na outra. O momento de reencontro das duas deusas em Elêusis (o momento da *euresis*, a descoberta), quando Demeter descobre a filha, é representado na iconografia antiga como duas figuras quase iguais; é quando Demeter percebe que algo mudou em sua filha, que ela está diferente por algum detalhe. Essa diferença é, no mito, uma romã que a jovem Core provou no mundo de Hades. A simbiose original mãe-filha é interrompida pelo masculino nesse rapto tão necessário.

A Core, ou jovem divina, como a chamou Kerényi, sob o ponto de vista das imagens arquetípicas é considerada por Jung como sendo ou uma manifestação da personalidade supraordenada, um conteúdo no inconsciente feminino não ainda integrado pela consciência ou ainda uma figura de *anima* para o homem. Jung dá exemplo de três casos clínicos, duas mulheres e um homem, que apresentam ricas imagens de sonhos, fantasias e imaginação ativa, onde a figura de Core aparece, juntamente com figuras mitológicas do Velho Sábio, da Grande Mãe e figuras animais diversas. As ilustrações clínicas são ricas demonstrações da emergência espontânea do arquétipo da jovem divina no inconsciente do homem contemporâneo.

É curioso assinalar que após a publicação de *O Livro Vermelho*, obra que revela as experiências subjetivas de Jung, de grande carga simbólica dos anos de 1913 a 1917, algumas dessas imagens pessoais do autor podem ser identificadas nesse texto particular. As fantasias e imaginações ativas do "paciente Z", como a de um pássaro que se transforma em jovem, a jovem fantasmagórica em cabana da floresta ou a jovem cega que busca cura e vive com um velho ancião em local profundo debaixo da terra, são facilmente identificáveis como personagens do *Liber Novus*.

Ainda na parte III encontra-se um texto tardio de Jung sobre a questão da *anima* e do *animus*, *Sizígia: a anima e o animus*, texto da obra Aion (1951). Aqui a *anima* adquire dimensões mais amplas, sendo vista como um fator determinante de projeções, uma tecedora de ilusões à maneira da deusa oriental *maia*, a dançarina geradora de ilusões. Jung recorre a diversas imagens da religião e da literatura, como a Baubo ctônica, simultaneamente idosa e jovem, Demeter e Perséfone, ou da literatura, como a "Senhora da alma", como se referiu o escritor suíço Carl Spitteler.

A identificação da *anima* com a alma a liberta de certa forma das amarras culturais dos papéis sexuais estereotipados. Mas outros autores posteriores a Jung continuaram o trabalho de elaboração desse rico material psicológico sobre a questão do gênero, procurando uma perspectiva para as noções de *anima* e *animus* adaptada aos tempos atuais. James Hillman talvez tenha sido o mais incisivo autor nesse quesito. Seu trabalho de 1985 *Anima, anatomia de uma noção personificada,* procura contextualizar as dificuldades conceituais da *anima*, elaborando em torno das noções normalmente associadas à *anima*, como contrassexualidade, feminino, princípio do eros, função psicológica do sentimento, o feminino, a psique em si.

Estão reunidos neste volume, portanto, escritos bastante relevantes de Jung sobre a temática do feminino. Diversos desses ensaios guardam a influência do tempo e da cultura nos quais foram escritos e têm um tom mais conservador. É paradoxal, entretanto, que alguns conceitos de Jung, como o de *anima* e *animus*, sizígia, androginia psíquica, *coniunctio*, se tomados numa perspectiva mais aprofundada, como diversos junguianos contemporâneos vêm fazendo, tornam-se instrumentos interessantes para a abordagem da intensa crise de gênero da cultura contemporânea. A perspectiva de que a androginia original é um símbolo importante do *self* e de que a alquimia do *coniunctio*, ou da conjunção dos opostos, é uma meta do processo de individuação, traz uma perspectiva muito atual para se perceber e mesmo procurar uma integração possível para a atual crise de gênero.

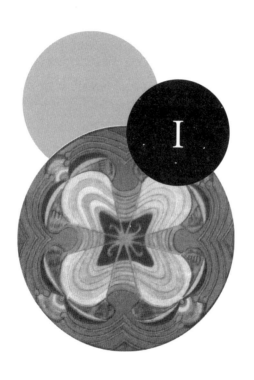

I

Culto à mulher e culto à alma[3]

O princípio da união cristã dos opostos é o *culto divino*, no budismo é o *culto do si-mesmo* (autoaperfeiçoamento), em Goethe e em Spitteler encontramos como princípio solucionador o *culto à alma*, simbolizado pelo *culto à mulher*. Temos aqui, por um lado, o princípio individualista moderno e, por outro, também um princípio polidemonístico primitivo que atribui não só a cada raça, mas também a cada clã, a cada família e a cada indivíduo, seu próprio princípio religioso. [424]

O modelo medieval de *Fausto* tem uma importância peculiar porque é, de fato, um elemento medieval que está no berço do individualismo moderno. Começou, ao que me parece, com o culto à mulher, pelo qual a alma do homem foi consideravelmente fortalecida como fator psicológico; pois o culto à mulher significava culto à alma. Em parte alguma isto vem expresso de maneira mais bela e completa do que na *Divina comédia*, de Dante. Dante é o cavaleiro espiritual de sua dama; por ela enfrenta as aventuras do mundo inferior e superior. E, neste trabalho de herói, a imagem dela se eleva até aquela figura transcendente e mística da mãe de Deus, uma figura que se liberou do objeto e, por isso, se transforma em personificação de uma realidade puramente psicológica, ou seja, aquele conteúdo inconsciente [425]

---

3. Excertos retirados de C.G. Jung. *Tipos psicológicos* [OC, 6] – 4. ed. Petrópolis: Vozes, 2011, § 424-451, tradução de Lúcia Mathilde Endlich Orth.

cuja personificação chamei de alma. O canto XXXIII do Paraíso contém essa culminância do desenvolvimento psíquico de Dante na oração de Bernardo:

> Virgem mãe, por teu filho procriada
> Humilde e superior à criatura,
> Por conselho eternal predestinada!
> *Por ti se enobreceu tanto a natura*
> Humana, que o Senhor não desdenhou-se
> De se fazer de quem criou, feitura.

[426] Ao desenvolvimento de Dante referem-se os versos 22s.

> Este mortal, que da íntima lacuna
> Do mundo até o empíreo, passo a passo,
> Viu quanto a vida espiritual reúna,
> Te exora auxílio ao seu esforço escasso:
> A mente sublunar lhe seja dada
> A Suma Dita no celeste espaço.

Versos 31s.

> Te digna conseguir que o véu espesso
> Da humanidade sua desapareça,
> E assim lhe seja o Sumo Bem concesso.

Versos 37s.

> De perversas paixões guarda-o clemente:
> Vê Beatriz e o céu inteiro unidos,
> Juntando as mãos, ao voto meu fervente[4].

[427] O fato de Dante expressar-se aqui pela boca de São Bernardo indica a transformação e exaltação de seu próprio ser. A mesma transformação ocorre em Fausto que sobe de Margarete para Helena e desta para a mãe de Deus; sua natureza é mudada por repetidas mortes figurativas e alcança

---

4. Tradução brasileira de José Pedro Xavier Pinheiro, em *A divina comédia*. Rio de Janeiro: Calçadense, 1956, p. 349 [N.T.].

seu mais alto objetivo como Dr. Marianus. E nesta qualidade é que Fausto dirige sua oração à Virgem Mãe:

> Senhora soberana do mundo,
> Deixa-me contemplar teu segredo
> No vasto azul do céu!
> Aceita o que agita séria e
> Suavemente o feito humano
> E que ele vem trazer-te
> Com amor e santa alegria.
> Invencível é nossa coragem
> Quando, ó venerável, tu ordenas;
> Nosso ardor se abranda de repente
> Quando nos dás a paz.
> Virgem pura, no melhor sentido,
> Mãe, digna de louvor,
> Rainha por nós escolhida,
> Em tudo igual aos deuses.

e ainda:

> Contemplai o olhar redentor,
> Todos vós arrependidos pacíficos,
> Para ao destino bem-aventurado
> Serdes levados com gratidão!
> Todo gesto bem-intencionado
> Se coloque a teu serviço!
> Virgem, mãe, rainha,
> Deusa, conserva-te misericordiosa!

Neste contexto é preciso lembrar também os expressivos atributos simbólicos da Virgem na Ladainha Lauretana: [428]

"Mater amabilis,	Mãe amável,
Mater admirabilis,	Mãe admirável,
Mater boni consilii,	Mãe do bom conselho
Speculum justitiae,	Espelho da justiça,
Sedes sapientiae	Sede da sabedoria,

Causa, nostrae laetitiae,	Causa de nossa alegria,
Vas spirituale,	Vaso espiritual,
Vas honorabile,	Vaso honorífico,
Vas insigne devotionis,	Vaso insigne de devoção,
Rosa mystica,	Rosa mística,
Turris Davidica,	Torre de Davi,
Turris eburnea,	Torre de marfim,
Domus aurea,	Casa de ouro,
Foederis arca,	Arca da aliança,
Janua coeli,	Porta do céu,
Stella matutina.	Estrela da manhã".

(*Ritual Romano*)

[429] Esses atributos mostram a importância funcional da imagem virgem-mãe; mostram como a imagem da alma atua sobre a atitude consciente, como vaso de devoção, forma sólida e fonte da sabedoria e da renovação.

[430] Esta passagem característica do culto à mulher para o culto à alma nós a encontramos, em forma bem resumida e clara, num escrito confessional do cristianismo primitivo, o *Pastor* de Hermas, aproximadamente de 140 dC. O livro escrito em grego consiste de uma série de visões e revelações que apresentam a consolidação essencial da nova crença. Por longo tempo foi considerado livro canônico, mas foi recusado pelo Cânon Muratoriano. Começa da seguinte maneira:

[431] "Aquele que me criou vendeu-me a uma tal de Rhoda, em Roma. Passados muitos anos, voltei a encontrá-la e comecei a gostar dela como de uma irmã. Depois de certo tempo, eu a vi banhando-se no Tibre; dei-lhe a mão, ajudando-a a sair da água. Quando vi sua beleza, pensei assim em meu coração: 'Seria tão feliz se tivesse como esposa uma mulher tão bela e de tal índole'. Era meu único desejo e nada mais (ετερον δε ονδε έ)". Esta experiência foi o ponto

de partida para o episódio visionário a seguir. Parece que Hermas serviu como escravo de Rhoda; foi então, como era frequente, libertado, mas encontrou-a posteriormente; nasceu nele, sem dúvida por gratidão, mas também por agrado, um sentimento de amor que, para sua consciência, só tinha o caráter de amor fraterno. Hermas era cristão e, além disso, como se depreende do texto, já era pai de família naquela ocasião, o que torna facilmente compreensível a repressão do elemento erótico. A situação peculiar que deixa em aberto várias questões era propícia a trazer à consciência o desejo erótico. Realmente passa por sua mente a ideia de que gostaria de ter Rhoda por mulher, e esta ideia aparece bem explícita, mas se limita, conforme Hermas faz notar, a uma simples constatação, pois qualquer coisa mais clara ou direta caiu imediatamente sob a repressão moral. Mas esta libido reprimida, como se vê claramente do texto que se segue, provocou em seu inconsciente uma forte mudança, dando vida à imagem da alma e levando-a a uma atividade espontânea. Vejamos o texto:

"Depois de algum tempo, ao dirigir-me para Cumas e louvando a Deus pela grandeza, beleza e poder da criação, comecei a sonhar. Um espírito se apoderou de mim e me levou para um lugar sem caminho onde homem algum poderia chegar. Era cheio de fendas e riachos. Atravessei um rio e cheguei a um lugar plano onde me atirei de joelhos, rezei a Deus e confessei meus pecados. Enquanto rezava, o céu se abriu e pude contemplar a mulher dos meus desejos que me saudou do céu e disse: 'Salve, Hermas!' Voltei os olhos para ela e disse: 'Senhora, que fazes aqui?' E ela respondeu: 'Fui aqui trazida para acusar-te por teus pecados diante do Senhor'. Disse-lhe então: 'Acusas-me agora?' 'Não – disse ela –, mas escuta as palavras que vou dizer-te. O Deus que está nos céus e que fez todas as coisas do nada e tudo au-

[432]

mentou e multiplicou para sua santa Igreja está encolerizado contigo porque pecaste contra mim'. Retruquei e disse: 'Pequei contra ti? Onde e quando falei algo de mal contra ti? Não te considerei sempre e em toda parte como deusa? Não te tratei sempre como irmã? Por que, mulher, acusas-me falsamente de coisas tão más e impuras?' Ela sorriu e me disse: 'Em teu coração se ergueu o apetite do pecado. Ou não te parece fato pecaminoso que se erga num homem justo o apetite do pecado em seu coração? Sim, é um pecado, e grande – acrescentou. Pois o justo aspira ao justo'".

[433] Como sabemos, passeios solitários são propícios a fantasias. Hermas, na viagem a Cumas, pensava em sua senhora, e a fantasia erótica reprimida levou, aos poucos, sua libido para o inconsciente. Por isso, isto é, por causa da diminuição da intensidade da consciência, tornou-se sonolento e entrou num estado sonambúlico ou extático, que nada mais é do que uma fantasia particularmente intensa que mantém totalmente presa a consciência. É de se notar, pois, que não é uma fantasia erótica que o assalta, mas é transportado de certa forma para uma outra terra que a fantasia apresenta como a travessia de um rio e o andar por lugares sem caminhos. Dessa forma, o inconsciente lhe aparece como um mundo oposto ou superior, em que se desenrolam os acontecimentos e as pessoas se movem como no mundo real. Sua mulher-senhora não lhe aparece numa fantasia erótica, mas sob a forma "divina", como deusa no céu. Esta circunstância mostra que a impressão erótica reprimida no inconsciente reanimou a imagem primordial já existente da deusa, portanto a imagem mais primitiva da alma. A impressão erótica se uniu, pois, claramente, no inconsciente coletivo, àquele resíduo arcaico que preservou, desde tempos imemoriais, os traços de vigorosas impressões sobre a natureza da mulher, impressões sobre a mulher na qualidade de mãe e de virgem

desejável. As impressões eram vigorosas porque libertavam forças tanto na criança quanto no homem adulto e que merecem, sem mais, o atributo de divinas, isto é, irresistíveis e absolutamente cogentes. O reconhecimento dessas forças como demoníacas não deve sua origem a uma repressão moral, mas, antes, a uma autorregulação do organismo psíquico que, por esta virada, tenta proteger-se contra a perda de equilíbrio. Pois quando a psique consegue erigir uma posição defensiva contra a força arrebatadora da paixão que lança o homem, sem piedade, na órbita de outro, e quando, no auge da paixão, tira do objeto ilimitadamente apetecido o cunho de ídolo e força o homem a ficar de joelhos diante da imagem divina, então ela o libertou da maldição do objeto. Foi novamente devolvido a si mesmo e acha-se obrigado a si mesmo, novamente entre deuses e homens, em sua própria órbita, sujeito a suas próprias leis. O enorme pavor que está no primitivo, aquele pavor de tudo que impressiona, e que ele qualifica logo de feitiço ou carregado de força mágica, protege-o objetivamente contra a perda da alma, tão temida por todos os povos primitivos, e que é consequência da doença e da morte. A perda da alma significa arrancar uma parte do próprio ser, significa o desaparecimento e a emancipação de um complexo que, desse modo, vem a ser o usurpador tirânico da consciência que oprime a totalidade do homem, lança-o fora de sua órbita, força-o a ações cuja cega unilateralidade tem como consequência inevitável a autodestruição. É sabido que os primitivos estão sujeitos a fenômenos como a corrida de Amok, a fúria guerreira, a possessão e outros mais. Reconhecer o caráter demoníaco da violência é uma proteção eficaz, uma vez que retira do objeto seu mais forte encantamento e transfere sua fonte para o mundo dos demônios, isto é, para o inconsciente, onde, na verdade, se origina também a violência da paixão.

Esta alocação da libido de volta ao inconsciente também é objetivada pelos ritos do exorcismo que visam reconduzir as almas a seu lugar e desfazer o feitiço.

[434]   Este mecanismo atuou também no caso de Hermas. A transformação de Rhoda na senhora divina retirou do verdadeiro objeto a força perniciosa e suscitadora das paixões, submetendo Hermas à lei da própria alma e de suas determinações coletivas. Devido a suas qualificações teve, sem dúvida, maior participação nas correntes espirituais de seu tempo. Seu irmão Pio ocupava nesta época a sede episcopal de Roma. Hermas estava, pois, destinado a colaborar com as grandes tarefas de seu tempo em grau maior do que, na qualidade de escravo casado, podia conscientemente supor. Nenhuma cabeça competente daquela época poderia opor-se por muito tempo à tarefa histórica da cristianização, a não ser que as barreiras e peculiaridades da raça lhe apontassem outra função no grande processo de transformação espiritual. Assim como as condições vitais externas obrigam o homem a funções sociais, também a alma contém determinações coletivas que obrigam a uma socialização das opiniões e convicções. Hermas foi mudado pela experiência e pela ferida nele causada pelo dardo da paixão. A tentação levou-o ao culto da alma e foi levado a executar uma tarefa social de natureza espiritual, certamente de grande importância para aquela época.

[435]   Para torná-lo apto àquela tarefa foi preciso que a alma destruísse nele a última possibilidade de uma vinculação erótica ao objeto. Esta última possibilidade é a infidelidade a si mesmo. Recusando-se Hermas conscientemente ao desejo erótico, demonstra apenas que teria sido mais cômodo para ele se o desejo erótico não existisse dentro dele; não demonstra, porém, que não tenha tido realmente intenções e fantasias eróticas. Por isso a mulher-senhora, a alma, des-

venda-lhe, sem dó, a existência de seus pecados e o liberta, assim, também da vinculação secreta ao objeto. Assume, portanto, como "um vaso de devoção" aquela paixão que estava a ponto de gastar-se inutilmente no objeto. Também era preciso erradicar o último vestígio de sua paixão para então realizar a tarefa histórica que consistia numa separação do homem da vinculação sensual, da primitiva "participação mística". Para o homem daquela época esta vinculação se tornara insuportável. Era necessário introduzir uma diferenciação do espiritual para restabelecer o equilíbrio psíquico. Todas as tentativas filosóficas de estabelecer este equilíbrio, a *aequanimitas* (equanimidade), que se condensaram sobretudo na doutrina estoica, malograram devido a seu racionalismo. A razão só pode fornecer o equilíbrio àquele cuja razão já é um órgão de equilíbrio. Mas para quantas pessoas e em que épocas da história ela foi exatamente isso? O homem, via de regra, precisa ter também o oposto de um de seus estados para então posicionar-se necessariamente no meio. A simples razão não pode fazê-lo abandonar a plenitude da vida e o excitante sensual do estado imediato. Assim, é necessário que nele estejam contra o poder e o prazer do temporal a alegria do eterno, e contra a paixão do sensual a maravilha do suprassensível. Por mais inegavelmente real que isto lhe seja, aquilo deve ter uma eficácia cogente.

Pela percepção da existência real de seu desejo erótico, foi possível a Hermas chegar ao reconhecimento da realidade metafísica, isto é, a imagem da alma ganha também aquela libido sensual que até agora estava presa ao objeto concreto e confere à imagem, ao ídolo aquela realidade que o objeto sensível reivindicava, desde então, exclusivamente para si. Assim, pode a alma falar com eficácia e levar a bom termo suas exigências. Após a conversa com Rhoda, acima

[436]

descrita, desapareceu sua imagem e o céu se fechou novamente. Em seu lugar apareceu uma "mulher velha com vestes brilhantes" que ensina a Hermas que seu desejo erótico é um empreendimento pecaminoso e insensato contra um espírito digno de veneração, mas que não era por isso que Deus lhe tinha rancor e, sim, porque ele, Hermas, tolerava os pecados de sua família. Dessa forma, bem conveniente, extrai-se totalmente a libido do desejo erótico, transferindo-a para a tarefa social. Há uma fineza bem especial no fato de a alma descartar a imagem de Rhoda e assumir a aparência de mulher idosa para forçar a um segundo plano o elemento erótico. Mais tarde, Hermas se deu conta, através de uma revelação, de que a senhora idosa era a própria *Igreja*, e assim o concreto-pessoal se resolve na abstração e a ideia adquire uma realidade que antes não possuía. A seguir, a velha senhora se põe a ler para ele um livro misterioso, dirigido contra os pagãos e apóstatas, mas cujo sentido não pôde captar. Mais tarde vamos saber que este livro contém uma missão. A mulher-senhora confia-lhe uma tarefa que ele deverá cumprir como seu cavaleiro. Também não falta a prova da virtude. Pouco após, Hermas tem uma visão em que lhe apareceu a velha senhora prometendo-lhe retornar por volta da quinta hora para explicar-lhe a revelação. Hermas saiu para o campo, para o lugar combinado. Ao chegar lá encontrou um leito de marfim, com uma almofada e um pano de linho finíssimo.

[437]   "Quando vi aquelas coisas – escreve Hermas – fiquei muito admirado. Apoderou-se de mim, por assim dizer, um tremor, meus cabelos se eriçaram e senti como um terror e pânico, por encontrar-me ali sozinho. Ao recuperar-me e lembrar-me da glória de Deus, adquiri novo ânimo, caí de joelhos e confessei meus pecados ao Senhor, como havia feito na vez anterior. E veio ela com seis homens jovens

que eu já havia visto antes, colocou-se junto a mim e ouviu como eu confessava meus pecados ao Senhor. Tocou-me então e falou dessa maneira: 'Hermas, acaba logo com todas essas súplicas por teus pecados. Roga também pela justiça para que possas levar para casa um pedaço'. E estendeu-me a mão para que me levantasse e levou-me até o leito e disse aos homens jovens: 'Ide e edificai'. E quando os jovens haviam ido, disse-me: 'Senta-te aqui!' Eu lhe disse: 'Senhora, permite que se sentem primeiro os velhos'. Ela disse: 'Faze o que digo e senta-te'. Mas, quando, conforme meu desejo, me dispunha a sentar-me à sua direita, indicou-me com um movimento de sua mão que me sentasse à sua esquerda. Como percebesse meu aspecto pensativo e decepcionado porque não deixara sentar-me a seu lado direito, disse-me: 'Estás triste, Hermas? O lugar da direita é para outros, gratos a Deus, que sofreram por seu nome. Mas a ti falta muito ainda para poderes sentar-te com eles. Mas continua sendo simples como até agora e chegarás a sentar-te junto com eles e assim acontecerá com todos que tenham cumprido sua tarefa e suportado o que eles suportaram'".

 É de supor que Hermas desconhecesse o aspecto erótico da situação. O encontro pareceu, à primeira vista, um *rendez-vous* num "lugar belo e solitário" (como ele diz). O leito ricamente adornado lembra, de modo fatal, o eros de forma que o terror que sobreveio a Hermas ao contemplá-lo é perfeitamente compreensível. É óbvio que deve combater energicamente a associação erótica para não sucumbir a uma disposição ímpia. Ao que parece, não reconheceu a tentação, a não ser que este reconhecimento tenha sido pressuposto como evidente na descrição de seu pavor, uma honestidade talvez mais encontrável numa pessoa daquela época do que no homem moderno. Sabe-se que o homem daquela época estava em geral ainda mais próximo de sua natureza do que

[438]

nós, e tinha, portanto, condições de perceber diretamente e reconhecer bem suas reações naturais. No caso de Hermas, a confissão de seus pecados pode ter sido provocada precisamente pela percepção de um sentimento ímpio. De qualquer forma, a questão que veio a seguir – se devia sentar-se do lado direito ou esquerdo – indica uma repreensão moral que recebeu de sua senhora. Se, nos augúrios romanos, os sinais provindos da esquerda eram considerados propícios, entre os gregos e romanos o lado esquerdo era, em geral, o lado desfavorável, o que vem expresso pela palavra de duplo sentido *sinister*. Mas, como o demonstra um texto que vem logo em seguida, a questão aqui proposta, de esquerda ou direita, nada tem a ver, em princípio, com a superstição popular, mas é de proveniência bíblica, referindo-se claramente a Mateus 25,33: "Colocará as ovelhas à sua direita e os bodes à sua esquerda". As ovelhas, graças à sua natureza inocente e dócil, são uma alegoria dos bons, enquanto os bodes, devido à sua selvageria e luxúria, são imagem dos maus. Pelo fato de indicar-lhe o lugar à esquerda, a senhora lhe dá a entender veladamente que conhece sua psicologia.

[439] Após Hermas haver tomado assento à esquerda, com bastante tristeza, como ele mesmo diz, a senhora chama sua atenção para uma visão que se desenrola a seus olhos. Vê como os jovens, assistidos por outros dez mil homens, constroem uma torre bem firme e cujas pedras se encaixam perfeitamente umas nas outras, sem deixar fendas. Esta torre sem fendas e, portanto, especialmente firme, porque indestrutível, significa a Igreja, no sentir de Hermas. *A senhora é a Igreja e a torre também*. Já vimos nos atributos da *Ladainha Lauretana* que Maria é denominada Torre de Davi e Torre de marfim. Parece que temos aqui uma relação igual ou semelhante. Sem dúvida, a torre significa firmeza e segurança, como no Salmo 61,4: "Tu és meu refúgio, uma torre forte

diante de meus inimigos". Deve-se excluir, por contrarrazões interiores profundas, qualquer semelhança com a torre de Babel, ainda que haja vestígios disso, pois Hermas, como todas as demais cabeças pensantes daquela esfera, deve ter sofrido muito com o espetáculo deprimente dos contínuos cismas e disputas heréticas da Igreja primitiva. Certamente este espetáculo foi o motivo básico desse escrito confessional, o que se deduz do fato de o livro revelado ser dirigido contra os pagãos e apóstatas. A heteroglossia, a confusão de línguas, que tornou impossível a construção da torre de Babel, dominou praticamente a Igreja cristã dos primeiros séculos e exigiu esforços desesperados dos fiéis para vencer a confusão. Como a Cristandade de então estivesse muito longe de ser um rebanho sob um só pastor, era natural que Hermas tentasse encontrar o poderoso "pastor", o *poimén*, bem como aquela forma sólida e segura que unisse num todo inviolável os elementos vindos dos quatro cantos da terra, das montanhas e do mar.

O apetite ctônico, a sensualidade em todas as suas mais diversas formas, com sua vinculação aos encantos do mundo ambiente e sua obsessão para dissipar a energia psíquica na infinda multiplicidade do mundo, são os principais obstáculos ao aperfeiçoamento de uma atitude de orientação uniforme. Vencer estes obstáculos deve ter sido a principal tarefa daquele tempo. Só assim podemos entender que, no *Poimén* (Pastor) de Hermas, nos seja apresentada primeiramente a realização dessa tarefa. Já vimos como a excitação erótica primitiva e a energia por ela liberada foram canalizadas para a personificação do complexo inconsciente, a figura da *Ecclesia* (Igreja), da mulher velha que, com seu aparecimento visionário, demonstra a espontaneidade do complexo que lhe serve de base. Aprendemos, aqui, ainda, que a mulher idosa, a Igreja, se transforma por assim dizer

[440]

em torre, pois a torre é também a Igreja. Esta transposição parece surpreendente, pois a conexão entre a torre e a mulher velha não é evidente. Mas os atributos de Maria na *Ladainha Lauretana* nos levarão à pista certa, pois encontramos lá, como já constatamos, a Virgem-Mãe sendo denominada "torre".

[441] Este atributo provém do Cântico dos Cânticos 4,4: "Teu pescoço é como a torre de Davi, construída com parapeitos" ("Sicut turris David collum tuum, quae aedificata est cum propugnaculis")[5] e 7,5: "Teu pescoço é como uma torre de marfim" ("Collum tuum sicut turris eburnea"). Algo semelhante em 8,10: "Agora já sou uma muralha, e meus seios são como torres" ("Ego murus, et ubera mea sicut turris").

[442] Como sabemos, o Cântico dos Cânticos é, na verdade, um poema profano de amor, talvez um canto de casamento, cujo caráter canônico foi recusado até mesmo por sábios judeus de épocas posteriores. Mas a interpretação mística sempre gostou de apresentar Israel como a noiva e Javé como o noivo, obedecendo nisto a um instinto correto: o de transferir o sentimento erótico para o relacionamento de todo o povo com Deus. O cristianismo se apropriou do Cântico dos Cânticos pelo mesmo motivo: apresentar Cristo como o noivo e a Igreja como a noiva. Esta analogia exerce uma atração extraordinária sobre a psicologia da Idade Média e animou o franco erotismo por Jesus, da mística de então, da qual Mectildes de Magdeburgo é o melhor exemplo. Foi desse espírito que brotou a *Ladainha Lauretana*. Derivou alguns atributos da Virgem diretamente do Cântico dos Cânticos, como no caso do símbolo da torre. Também a rosa foi usada como um de seus atributos, já ao tempo dos Padres Gregos, juntamente com o lírio que também apa-

---

5. As citações são da *Bíblia Sagrada*. Petrópolis: Vozes [N.T.].

rece no Cântico dos Cânticos 2,1s.: "Eu sou o narciso de Saron, o lírio dos vales. Como o lírio entre espinhos é, entre as jovens, a minha amada" ("Ego fios campi et lilium convallium. Sicut lilium inter spinas, sic arnica mea inter filias"). Imagem muito empregada nos hinos marianos medievais é a do "jardim fechado" do Cântico dos Cânticos 4,12 ("És um jardim fechado, minha irmã e minha noiva") e a da "fonte selada" (fons signatus). A natureza indiscutivelmente erótica dessas imagens do Cântico dos Cânticos foi aceita como tal pelos Padres da Igreja. Assim, por exemplo, Ambrósio interpreta *hortus conclusus* como virgindade[6]. Também compara Maria à cestinha em que foi encontrado Moisés: "A cestinha de junco significa a bem-aventurada Virgem. Portanto, a mãe preparou a cestinha de junco na qual foi colocado Moisés, pois a sabedoria de Deus, que é o Filho de Deus, escolheu a bem-aventurada Virgem Maria em cujo útero formou o homem ao qual se ligaria por unidade de pessoa"[7]. Agostinho emprega, depois, com muita frequência, a figura do tálamo (thalamus) para Maria, e também no sentido expressamente anatômico: "Escolheu para si um tálamo puro, onde se unirá o esposo à esposa"[8]. E "saiu de seu tálamo, isto é, do útero virginal"[9].

A interpretação de *vas* (vaso) como útero deve ser tomada como certa quando Ambrósio, em paralelo à citação

[443]

---

6. AMBRÓSIO, *De Institutione Virginis*. Cf. MIGNE, *Patr. Lat.* t. 16, col. 335s.
7. "Per fiscellam scirpeam, beata virgo designara est. Mater ergo fiscellam scirpeam in qua Moyses ponebatur praeparavit, quia sapientia Dei, quae est filius Dei, beatam Mariam Virginem elegit, in cuius utero hominem, cui per unitatem personae conjungeretur, formavit". AMBRÓSIO. *Expositio beati Ambrosii Episcopi super Apocalypsin*. Paris: [s.e.], 1554.
8. "Elegit sibi thalamum castum, ubi conjungeretur sponsus sponsae."
9. "Processit de thalamo suo, id est, de utero virginali". AGOSTINHO, *Sermones*, 192. Cf. MIGNE. *Patr. Lat.* T. 38, col. 1013.

de Agostinho, acima, diz: "não da terra [...] mas do céu escolheu Cristo para si este vaso pelo qual desceria à terra e *santificou o templo do pudor*"[10]. Também entre os Padres Gregos não é rara a expressão σκεῦος (vaso). Aqui também não é improvável uma alusão à alegoria erótica do Cântico dos Cânticos (7,2), ainda que a expressão *vaso* não apareça no texto da Vulgata, mas encontramos a imagem da taça e do beber: "Teu umbigo é uma taça redonda: onde jamais falta bebida. Teu ventre é um monte de trigo, cercado de lírios" ("Umbilicus tuus crater tornatilis, nunquam indigens poculis. Venter tuus sicut acervus tritici, vallatus liliis"). Paralela ao sentido da primeira frase está a comparação de Maria com a ânfora de óleo da viúva de Sarepta, nos *Cantos Magistrais*, do manuscrito de Kolmar: "Sarepta, na terra de Sidônia, lá Elias foi enviado a uma viúva que o deveria alimentar, parece verdadeiramente ao meu corpo onde Deus me enviou o profeta para dar fim a nosso tempo de fome"[11]. Paralelamente à segunda frase, diz Ambrósio: "Germinava no útero da virgem o monte de trigo juntamente com a beleza da flor de lírio: e assim gerava um grão de trigo e um lírio [...]"[12] Nas fontes católicas[13] foram trazidas, para o simbolismo do vaso, passagens bem distantes, por exemplo Cântico dos Cânticos 1,2: "Sua boca me cubra de beijos. São mais suaves do que o vinho tuas carícias" (melhor, 'seios'). ("Osculetur me osculo oris sui: quia meliora sunt

---

10. "Non de terra... sed de coelo *vas* sibi hoc, per quod descenderet, Christus elegit, et sacravit *templum pudoris*". AMBRÓSIO. *De Institutione Virginis*. Op. cit., t. 16, col. 328.

11. *Meisterlieder der Kolmarer Handschrift*. Cf. BARTSCH, K. (org.). *Bibliothek des Literarischen Vereins von Stuttgart*. Stuttgart: [s.e.], 1862, 68, p. 216.

12. "In quo virginis utero simul acervus tritici, et lilii floris gratia germinabat: quoniam et granum tritici generabat, et lilium..." AMBRÓSIO. *De Institutione Virginis*. Op. cit., col. 341.

13. SALZER, A. *Die Sinnbilder und Beiworte Mariens in der deutschen Literatur und lateinischen Hymnen-Poesie des Mittelalters*. Linz: [s.e.], 1886.

ubera tua vino"). E inclusive Êxodo 16,33: "Moisés disse a Aarão: Toma um *vaso*, enche com quatro litros e meio de maná e deposita diante do Senhor, para que seja guardado para as gerações futuras". Essas referências forçadas falam mais contra do que a favor da origem bíblica do simbolismo do vaso. Da possibilidade de uma origem extrabíblica em geral dá prova o fato de os hinos marianos da Idade Média buscarem livremente suas comparações em qualquer parte e relacionarem tudo o que fosse precioso a Maria. O fato de o símbolo do vaso já ser bem antigo – provém dos séculos III e IV – não depõe contra a sua procedência mundana, pois já os Padres da Igreja eram propensos a comparações "pagãs" extrabíblicas, como, por exemplo, Tertuliano[14] e Agostinho[15], e outros que compararam a Virgem com uma terra ainda não profanada, um campo ainda não cultivado, mas sempre tomando em conta o lado do mistério. Essas comparações se formaram sobre modelos pagãos da mesma maneira que se aproveitaram de motivos pagãos as ilustrações de livros da Alta Idade Média, conforme o demonstra Cumont ao referir-se à representação da elevação ao céu, de Elias – que se baseava num modelo antigo de Mitra. Em muitos de seus usos, inclusive fazendo coincidir o nascimento de Cristo com o *natalis solis invicti* (nascimento do sol invicto), a Igreja seguiu o modelo pagão. Jerônimo compara a Virgem com o *sol*, como sendo a mãe da luz.

Essas designações de natureza não bíblica só podem ter sua origem em concepções pagãs em voga naquele tempo. Justifica-se, assim, plenamente que, no tocante ao símbolo

[444]

---

14. "Illa terra virgo nondum pluviis rigata nec imbribus foecundata" etc. (Aquela terra virgem, ainda não regada pelas chuvas nem fecundada pelas torrentes).

15. "Veritas de terra orta est, quia Christus de virgine natus est" (A verdade surgiu da terra porque Cristo nasceu da virgem).

do vaso, levemos em conta o bem conhecido e difundido simbolismo gnóstico do vaso. Chegou até nós grande número de gemas da época com o símbolo do vaso na forma de um cântaro com estranhas configurações de alças, que lembram o útero com seus ligamentos laterais. Matter denomina este vaso "vaso de pecado", em oposição aos hinos marianos que exaltam a Virgem como "vaso de virtudes". King[16] recusa esta interpretação como arbitrária e adota a ideia de Köhler segundo a qual a imagem das gemas (principalmente egípcias) representam os cântaros presos às rodas d'água que puxavam a água do Nilo para os campos, o que explica também as estranhas configurações de alças que serviam para prender o cântaro à roda.

[445] Como observa King, a atividade fecundante do cântaro pode ser expressa na fraseologia antiga como "fecundação de Ísis pela semente de Osíris". É frequente encontrar uma joeira de cereais pintada nos vasos, alusão sem dúvida à "joeira mística de Iaco" ("mystica vannus Jacchi"), o λῖκνον, o berço figurativo do grão de trigo, símbolo do deus da fecundidade[17]. Fazia parte da cerimônia grega de casamento colocar sobre a cabeça da noiva uma joeira cheia de frutos, gesto mágico evidente da fecundidade. Esta interpretação se coaduna com a concepção egípcia antiga de que tudo provém das águas primitivas, de Nu ou Nut, que também se identifica com o Nilo ou com o oceano. Nu se escreve com três *potes*, três *sinais de água* e o sinal do céu. Num hino a Ptah-Tenen se lê: "Criador do grão do qual procede, em seu nome, Nu, o velho, que fertiliza a massa de águas do céu e

---

16. KING, C.W. *The Gnostics and their Remains*. Londres: [s.e.], 1864, p. 111.
17. Cf. JUNG, C.G. *Símbolos da transformação* [OC, 5. Na edição alemã p. 319].

faz com que brote água das montanhas para dar vida a homens e mulheres"[18]. Sir Wallis Budge chamou-me a atenção para o fato de que o simbolismo do útero ainda existe hoje no interior do sul do Egito como sortilégio para chuva e fecundidade. Ainda acontece que os primitivos matem, na selva, alguma mulher, extraindo-lhe o útero para uso em seus ritos de magia[19]. Considerando que os Padres da Igreja eram fortemente influenciados pelos gnósticos, apesar de sua resistência a essas heresias, não é inconcebível que tenhamos exatamente no simbolismo do vaso uma relíquia pagã aproveitável ao cristianismo, e isto é tanto mais provável já que o próprio culto a Maria é um vestígio do paganismo que assegurou à Igreja cristã a herança da grande mãe (*magna mater*), de Ísis e de outras divindades. Também a imagem do vaso de sabedoria (*vas sapientiae*) lembra um modelo gnóstico, a *sophia*, símbolo muito importante na gnose.

Demorei-me neste simbolismo do vaso mais do que o leitor esperava. Mas tive uma razão específica: esclarecer psicologicamente a legenda do graal – tão característica da Alta Idade Média – em sua relação com o culto à mulher. A ideia religiosa central desse material legendário, com múltiplas variantes, é o vaso sagrado, imagem absolutamente não cristã – como é fácil a qualquer um perceber – cuja origem deve ser buscada alhures e não nas fontes canônicas[20]. De

[446]

---

18. BUDGE, E.A.W. *The Gods of the Egyptians*. Londres: [s.e.], 1904, vol. I, p. 511.

19. Cf. TALBOT, P.A. *In the Shadow of the Bush*. Londres: [s.e.], 1912, p. 67 e 74s.

20. Outra prova da origem pagã do simbolismo do vaso encontramos no "vaso mágico" da mitologia celta. Dagda, um dos deuses benévolos da Irlanda antiga, possuía semelhante vaso que dava alimento a todos, segundo sua necessidade e mérito. Também o deus céltico Bran tinha um vaso de renovação. Supõe-se que o nome "Brons" – um dos personagens da legenda do Graal – seja derivado de "Bran". Alfred Nutt acha que "Bran", o senhor do

acordo com o que vimos acima, parece-me um elemento gnóstico que deve sua reaparição a uma tradição secreta que sobreviveu ao aniquilamento das heresias, ou a uma reação inconsciente contra o cristianismo oficial dominante. A persistência ou reaparecimento inconsciente do símbolo do vaso indica um fortalecimento do princípio feminino na psicologia machista daquela época. A simbolização numa imagem enigmática significa uma espiritualização do erotismo pelo culto à mulher. Mas a espiritualização significa também a retenção de uma parcela de libido que, caso contrário, iria desembocar diretamente na sexualidade. Se esta parcela de libido for retida, diz-nos a experiência que uma parte flui para a expressão espiritualizada, a outra tomba no inconsciente e produz ali certa vivificação de imagens correspondentes que se traduzem exatamente no símbolo do vaso. O símbolo vive da retenção dessas formas de libido e produz, por sua vez, novamente retenção dessas formas de libido. Resolver o símbolo é o mesmo que soltar a libido num caminho direto ou, ao menos, forçá-la a uma aplicação direta. O símbolo vivo, porém, esconjura este perigo. Um símbolo perde, por assim dizer, sua força mágica, ou, se quisermos, sua força redentora, logo que for conhecida uma solucionabilidade. Por isso, um símbolo ativo tem que ter uma constituição inexpugnável. Deve ser a melhor expressão da cosmovisão de uma época, simplesmente insuperável em seu significado, e estar tão distante da compreensão que faltem ao intelecto crítico todos os meios de solucioná-lo validamente e, finalmente, sua forma estética deve ser tão adequada ao sentimento que nenhum argumento

---

vaso, e "Brons" representam degraus na transição da saga céltica para a busca do santo Graal. Assim, parece que já existiam temas relacionados ao Graal na mitologia celta. Devo estas informações ao Dr. Maurice Nicoll, de Londres.

sentimental possa erguer-se contra ele. O símbolo do graal preencheu evidentemente essas exigências por certo tempo e deveu a esta circunstância sua atuação viva que ainda hoje não foi totalmente extinta, como o prova o exemplo de Wagner, mesmo que nossa época e nossa psicologia forcem incessantemente a sua solução.

O cristianismo oficial absorveu uma vez mais os elementos gnósticos que se manifestaram na psicologia do culto à mulher e lhes deu um lugar na veneração intensificada de Maria. Selecionei, entre grande número de outros materiais igualmente interessantes, a *Ladainha Lauretana* como exemplo conhecido desse processo de assimilação. Com esta assimilação ao símbolo cristão em geral perdeu-se, inicialmente, uma cultura espiritual do homem que germinava no culto à mulher. Sua alma, que se exprimia na imagem da senhora por ele escolhida, perdeu sua expressão individual nesta transferência para o símbolo em geral. Também perdeu a possibilidade de uma diferenciação individual; foi reprimida por uma expressão coletiva. Tais perdas têm sempre consequências sérias e, neste caso, logo se fizeram sentir. Expressando-se a relação psíquica com a mulher na veneração coletiva de Maria, a imagem da mulher perdeu um valor sobre o qual o ser humano tinha certo direito natural. Este valor que só encontra sua expressão natural na escolha do indivíduo cai no inconsciente quando a expressão individual é substituída pela coletiva. No inconsciente, a imagem da mulher recebe o encargo de reanimar dominantes arcaico-infantis. A relativa desvalorização da mulher se compensa por aspectos demoníacos, pois todos os conteúdos inconscientes, na medida em que são ativados por parcelas dissociadas de libido, aparecem projetados no objeto. A relativa desvalorização da mulher significa: o homem a ama menos em certo sentido, mas, em compensação, a mu-

[447]

lher se apresenta como perseguidora, isto é, como bruxa. Desenvolve-se, então, juntamente com uma veneração intensificada de Maria, e por causa dela, a ideia fixa das bruxas, esta nódoa inapagável e vergonhosa da Idade Média tardia. Mas esta não foi a única consequência. Pela separação e repressão de uma tendência progressiva importante, surgiu uma certa ativação do inconsciente em geral. E esta ativação não encontrou no símbolo cristão em geral uma expressão satisfatória, pois a expressão adequada consistia primeiramente em formas individuais de expressão. Mas esta situação preparou o solo para heresias e cismas. E contra isso a consciência de orientação cristã teve que lutar com fanatismo. O delírio do horror inquisitorial era a dúvida supercompensada que irrompia do inconsciente e que, ao final, originou um dos maiores cismas da Igreja, a Reforma.

[448] Dessa longa exposição podemos aproveitar o seguinte: partimos daquela visão de Hermas em que viu uma *torre* sendo construída. A mulher idosa, que se declarara antes como sendo a Igreja, explica agora que a torre é o símbolo da Igreja. A importância dela se transfere, então, para a torre da qual se ocupa, de agora em diante, todo o texto do *Poimén*. Para Hermas importa agora a torre e não mais a mulher velha, menos ainda a verdadeira Rhoda. E assim se completa o desprendimento da libido do objeto real e sua transferência para o símbolo, sua canalização para uma função simbólica. A ideia de uma Igreja universal e una, expressa no símbolo de uma torre inabalável e sem fendas, tornou-se uma realidade espiritual que não permitia volta.

[449] Desvinculada do objeto, a libido é colocada no íntimo do sujeito onde ativa as imagens do inconsciente. Essas imagens são formas arcaicas de expressão que se transformam em símbolos que, por sua vez, se apresentam como equi-

valentes de objetos relativamente desvalorizados. Este processo é tão velho quanto a humanidade, pois símbolos já se encontram entre as relíquias do homem pré-histórico bem como entre os tipos humanos mais primitivos hoje existentes. A formação do símbolo deve ser evidentemente uma função biológica da mais alta importância. Como o símbolo só pode viver graças a uma desvalorização relativa do objeto, é evidente que servirá à finalidade de desvalorizar o objeto. Se o objeto tivesse um valor absoluto, também seria absolutamente determinante para o sujeito, quando então seria absolutamente abolida a liberdade de ação do sujeito e já não poderia coexistir também uma liberdade relativa com a determinação absoluta pelo objeto. O estado de absoluta relação com o objeto equivale a uma exteriorização total do processo consciente, isto é, a uma identidade de sujeito e objeto, o que torna impossível qualquer conhecimento. Este estado se encontra, em grau mais atenuado, ainda hoje, entre os primitivos. As chamadas *projeções* que encontramos frequentemente nas análises práticas nada mais são do que resíduos de uma identidade primitiva entre sujeito e objeto. A eliminação do conhecimento e a impossibilidade de uma experiência consciente, causadas por este estado, significam considerável perda de capacidade de adaptação, o que, para o homem, desarmado e sem proteção, e para sua prole, por longo tempo indefesa, pesa consideravelmente. O estado de falta de conhecimento significa também uma perigosa inferioridade do ponto de vista da afetividade, pois uma identidade do sentimento com o objeto sentido pode fazer com que, por um lado, algum objeto exerça forte influência sobre o sujeito e, por outro, algum afeto do sujeito absorva e violento, sem mais, o objeto. O que afirmo pode ser ilustrado por um episódio na vida de um bosquímano. Um bosquímano tinha um filho pequeno que ele amava com aquele terno amor de macaco, típico dos primitivos. Já de *per si* este amor é psicologicamente bem autoerótico, isto é, o sujeito ama a si mesmo no objeto. O objeto serve como uma espécie de espelho erótico. Certo dia, o bosquímano voltou zangado da pesca porque nada apanhara. Como sempre, o pequeno correu a seu encontro. O pai agarrou-o e torceu-lhe o pescoço ali mesmo. Depois chorou o filhinho com a mesma falta de controle com que, antes, o matara.

[450] Este caso mostra claramente a identidade do objeto com o afeto momentâneo. É óbvio que este tipo de mentalidade destrói a organização protetora da horda. É, portanto, sob o ponto de vista da propagação e crescimento da espécie, um fator negativo e deve ser reprimido e transformado no seio de uma espécie com forte vitalidade. O símbolo se origina desse objetivo e a ele serve uma vez que retira do objeto certa parcela de libido, desvalorizando-o relativamente e atribuindo ao sujeito um supervalor. Mas este supervalor tem a ver com o inconsciente do sujeito. E, assim, o sujeito é colocado entre uma determinante exterior e uma interior, surgindo então a possibilidade da escolha e a relativa liberdade do sujeito.

[451] O símbolo provém sempre de resíduos arcaicos, de engramas referentes à história do clã; muito se pode especular sobre a idade e origem deles, mas nada de concreto é possível concluir. Também seria incorreto querer derivar os símbolos de fontes pessoais, por exemplo, da sexualidade reprimida do indivíduo. Tal repressão pode fornecer, no máximo, a parcela de libido que ativa o engrama arcaico. Mas o engrama corresponde a um modo de função herdado que deve sua existência não a uma repressão sexual secular, mas ao fato da diferenciação dos instintos em geral. A diferenciação dos instintos foi e é uma medida biológica necessária que não é específica apenas da espécie humana,

mas também se manifesta na atrofia sexual da abelha operária. No caso do símbolo do vaso, mostrei que os símbolos se originam de representações arcaicas. Como este símbolo tem sua base na representação primitiva do útero, podemos supor algo semelhante para a origem do símbolo da torre. A torre poderia ser perfeitamente classificada entre os símbolos fálicos, muito frequentes na história dos símbolos. Não é de estranhar que, bem no instante em que Hermas, ao avistar o leito sedutor, deve reprimir a fantasia erótica, surja um símbolo fálico que, parece, corresponde à ereção. Já vimos que também outros atributos simbólicos da Virgem-Igreja têm clara origem erótica, como o atesta sua procedência do Cântico dos Cânticos e como foram expressamente interpretados pelos Padres da Igreja. O símbolo da torre na *Ladainha Lauretana* provém da mesma fonte e teria, portanto, um sentido básico similar. O atributo "de marfim" da torre é, sem dúvida, de natureza erótica, pois se refere à cor e lisura da pele ("seu corpo é marfim lavrado"[21]). Mas também a própria torre nos é apresentada num contexto plausivelmente erótico, em Cântico dos Cânticos 8,10: "Agora já sou uma muralha e meus seios são como torres". Isto se refere à protuberância dos seios e à sua consistência plena e firme, à semelhança do cap. 5,15: "Suas pernas são colunas de alabastro". Correspondem também a isso o cap. 7,5: "Teu pescoço é como uma torre de marfim" e "Teu nariz é como a torre do Líbano", com o que se quer significar o esbelto e o proeminente. Esses atributos se originam de sensações táteis e orgânicas que são transferidas para o objeto. O humor triste vê tudo cinza e o humor alegre vê tudo claro e colorido, assim o tato é influenciado por sensações sexuais subjetivas, no caso a sensação da ereção,

---

21. Ct 5,14.

cujas qualidades são transferidas para o objeto. A psicologia erótica do Cântico dos Cânticos usa as imagens despertadas no sujeito para aumentar o valor do objeto. Mas a psicologia eclesiástica usa as mesmas imagens para dirigir a libido para o objeto figurado, enquanto que a psicologia de Hermas exalta a imagem despertada inconscientemente como fim em si para dar corpo àquelas ideias que eram de especial importância para a mentalidade daquela época, ou seja, a estabilização e organização da cosmovisão e atitude cristãs recém-adquiridas.

O problema amoroso do estudante[22]

Podem crer que não é com leveza de coração que assumo a incumbência de abrir a discussão do problema amoroso do estudante com palavras de orientação geral. Esta discussão é algo incomum e apresenta aspectos difíceis se a encararmos com toda seriedade e com consciência responsável. [197]

O amor é sempre um problema em qualquer idade. Na infância, o problema é o amor dos pais; para o ancião, o problema é saber o que fez de seu amor. *O amor é uma das grandes forças do destino que vai do céu até o inferno.* Acho que o amor deve ser entendido assim, se quisermos fazer justiça aos problemas que envolve. A questão é de grande envergadura e complexidade; não se limita a este ou aquele setor da vida, mas se manifesta em todos os aspectos da vida humana: é uma questão ética, social, psicológica, filosófica, estética, religiosa, médica, jurídica, fisiológica, para mencionar apenas algumas das facetas desse tão variado fenômeno. Este envolvimento do amor em todas as formas de vida, enquanto gerais e coletivas, é apenas uma pequena dificuldade, em comparação com o fato de o amor ser também um eminente *problema individual.* Isto singifica que, sob este aspecto, todos os critérios e regras gerais perdem sua validade, exatamente como no caso da crença religiosa [198]

---

22. Excertos retirados de C.G. Jung. *Civilização em transição* [OC, 10/3] – 4. ed. Petrópolis: Vozes, 2011, § 197-235, tradução de Lúcia Mathilde Endlich Orth.

que, no decorrer histórico dos acontecimentos, sempre de novo foi codificada, mas que, como fenômeno primordial, é sempre uma experiência individual, não se curvando a nenhuma regra tradicional.

[199] A própria palavra *amor* é uma dificuldade bastante grande para nossa discussão. Quanta coisa recebe o nome de "amor". Começando com o maior mistério da religião cristã, encontramos, nos estágios mais contemplativos, o "amor Dei" de Orígenes, o "amor intellectualis" de Spinoza, o "amor da ideia" de Platão, o "amor de Deus" dos místicos; na esfera do humano entramos com as palavras de Goethe:

> Instintos selvagens caíram no sono
> Com todo o impetuoso proceder,
> Entra em ação o amor dos homens.
> O amor de Deus também se move[23].

[200] Aqui encontramos o *amor ao próximo* com a conotação cristã e budista de compaixão, de filantropia, de serviço social; ao lado disso, o *amor à pátria* e o amor a outros ideais e instituições como a Igreja etc. A seguir vem o amor dos pais, sobretudo o *amor materno*, e depois o *amor filial*. Com o *amor dos esposos* saímos do campo espiritual e entramos naquela esfera que medeia entre espírito e instinto onde, por um lado, a pura chama do eros incendeia o ardor da sexualidade e, por outro, se misturam formas ideais de amor como amor aos pais, amor à pátria e amor ao próximo com a ânsia de poder pessoal, o desejo de posse e dominação. Isto não quer dizer que todo contato com a esfera do instinto seja necessariamente um rebaixamento. Ao contrário, a beleza e veracidade da força amorosa serão tanto mais perfeitas quanto mais instinto puderem trazer em si. Quanto mais,

---

23. *Fausto*, parte I (Studierstube).

porém, o instinto sufocar o amor, tanto mais se manifestará o animal. O *amor conjugal* pode ser como diz Goethe:

> Quando a força indômita do espírito
> Reúne em si os elementos,
> Não há anjo que separe
> A dupla natureza que vincula
> Os dois internamente:
> Somente o amor eterno
> Pode separá-la[24].

Mas nem sempre o amor precisa ser assim; pode ser também daquela espécie de que fala Nietzsche: "Dois animais se compreenderam". O *amor dos namorados* vai mais fundo. Quando falta a bênção nupcial, a bênção ao compromisso da vida em comum, então este amor pode ser transfigurado pela força do destino ou por sua própria natureza trágica. Via de regra, porém, o instinto predomina com seu ardor escuro ou seu fogo de palha bruxuleante.

Mas a palavra amor ainda não encontrou aqui seus limites. Com palavra "amor" entendemos também o ato sexual em todos os níveis: desde a coabitação matrimonial, oficialmente sancionada, até a necessidade da descarga fisiológica que leva o homem às prostitutas e o mero negócio que estas fazem ou são obrigadas a fazer do amor.

Fala-se também do *amor entre rapazes*, entendendo-se com isto a homossexualidade que desde a época clássica da Grécia perdeu a aura de uma instituição social e educativa e está condenada a uma existência miserável e aterradora, chamada de perversão, ao menos no que diz respeito aos homens. Nos países anglo-saxões, porém, a homossexualidade entre mulheres parece significar ultimamente bem mais do que lirismo sáfico, na medida em que serve de suporte à

[201]

[202]

[203]

---

24. *Fausto*, parte II (Bergschlucht).

ideia da organização social e política das mulheres, exatamente como a homossexualidade masculina foi importante fator no surgimento da pólis grega.

[204] A palavra amor precisa ser mais ampliada ainda a fim de cobrir todas as perversões da sexualidade. Existe um *amor incestuoso*, um autoamor onanístico que merece o nome de narcisismo. Sob a palavra amor recai também, além de toda abominação sexual doentia, aquela cupidez que rebaixou o homem à condição de animal ou de máquina.

[205] Estamos assim em situação bastante desfavorável para iniciar uma discussão sobre um assunto ou conceito de extensão simplesmente ilimitada e muito vago. Estaríamos inclinados, ao menos em vista da discussão de hoje, a limitar o conceito de amor, por exemplo ao problema de como a juventude estudantil poderia comportar-se em relação ao sexo. Mas isto seria impossível, pois tudo que mencionei acima estaria dentro deste problema, porque todos os significados da palavra amor estão contidos no problema amoroso do estudante como fatores ativos.

[206] Naturalmente, podemos chegar a um acordo e discutir o problema *comum*, isto é, a questão de como se deveria comportar a pessoa normal sob as condições que apresentei. Abstraindo do fato de que a pessoa normal nunca existiu, encontramos semelhanças suficientes entre os indivíduos dos mais diversos tipos para que haja uniformidade suficiente do problema e para que possamos falar das condições comuns. Como sempre, também aqui a solução prática do problema é determinada por dois fatores: pelas pretensões e capacidades do indivíduo, por um lado, e pelas condições ambientais, por outro lado.

[207] É dever do conferencista dar-lhes um panorama geral da questão a ser discutida. Isto só pode acontecer se eu, na

qualidade de médico, puder relatar objetivamente as coisas como são, abstendo-me daquele fraseado meloso e moralizante que gostaria de encobrir este capítulo, em parte por vergonha e, em parte, por hipocrisia. Mas também não estou aqui para dizer-lhes como deveriam proceder. Deixo isto àqueles que sempre sabem o que é melhor para os outros.

Senhoras e senhores, o tema da discussão é este "problema amoroso do estudante". Suponho que esta formulação – problema amoroso – diga respeito à relação de ambos os sexos entre si, e não seja mal-entendida, como se fosse a "questão sexual do estudante". Com isto estabelecemos uma limitação fundamental do tema. Portanto, a questão sexual só entraria na discussão enquanto fosse um problema amoroso e, respectivamente, de relacionamento. Excluiremos, pois, de nossa palestra todos aqueles fenômenos sexuais que não são relacionamentos, ou seja, as perversões sexuais – com exceção da homossexualidade –, o onanismo e o intercurso sexual com prostitutas. Não excluímos a homossexualidade porque muitas vezes é um problema de relacionamento; por outro lado, excluímos a prostituição porque normalmente não é problema de relacionamento, ainda que haja exceções que apenas confirmam a regra. [208]

Como todos sabem, a solução comum do problema amoroso é o casamento. Mas a experiência mostra que esta verdade comum não vale para o estudante. A causa mais palpável disso é o fato de o estudante normalmente não ter condições financeiras para manter uma casa. Outras causas são a idade da maioria dos estudantes masculinos que não suporta ainda a fixação social exigida pelo casamento: em parte devido à não conclusão dos estudos e, em parte, devido à necessidade de liberdade que lhe permite deslocar-se para diversos lugares; além disso, a imaturidade psíquica, o apego infantil à própria família, a capacidade não sufi- [209]

cientemente desenvolvida de amar e ser responsável, falta de experiência em relação à vida e ao grande mundo, as ilusões típicas da juventude etc. Uma causa que não deve ser desprezada é a sábia reserva da mulher, em nosso caso, da estudante. Estuda, em primeiro lugar, para terminar seus estudos e ter uma profissão; evita, por isso, o casamento, sobretudo com um estudante que, pelas razões aduzidas, não é um objeto ambicionado para o casamento, enquanto for estudante. Motivo importantíssimo da raridade desses casamentos é a questão dos filhos. A mulher quando casa deseja, em geral, ter um filho, ao passo que o homem consegue aguentar mais tempo sem ter filhos. Para a mulher, um casamento sem filhos não tem grande atração. Prefere, então, esperar.

[210] É verdade que nos tempos mais recentes o número de casamentos de estudantes aumentou devido a certas mudanças psicológicas na consciência moderna e também devido à difusão geral dos anticoncepcionais que permitem adiar voluntariamente a concepção. As mudanças psicológicas que, entre outras coisas, acarretam o fenômeno do casamento de estudantes são fruto das revoluções espirituais das últimas décadas, cujo significado total nós, contemporâneos, não conseguimos abarcar em sua profundidade maior. Só podemos constatar que, devido à difusão geral dos conhecimentos das ciências naturais e devido a um modo de pensar mais científico, operou-se uma mudança na concepção dos problemas amorosos. Antes de mais nada, a objetividade científica permitiu uma aproximação entre a ideia do homem sacramentada pelo tabu da superioridade, e a ideia do homem como ser natural, e uma integração das pessoas como *homo sapiens* no sistema natural. A mudança não tem apenas um aspecto intelectual mas também sentimental. Tal ponto de vista atua sobre o sentimento do indivíduo. Sente-se libertado

daquele isolamento, de caráter metafísico, com suas categorias morais, que caracterizava a consciência medieval do mundo. Com esta liberação caem por terra também aqueles tabus que deram origem ao isolamento com relação à natureza, ou seja, os julgamentos morais que, em última análise, tinham suas raízes na respectiva metafísica religiosa. Dentro do sistema moral tradicional cada um sabia perfeitamente por que o casamento era "certo" e por que toda outra forma de amor devia ser abominada; fora do sistema, porém, no vasto campo de jogo e de luta do mundo natural, onde o homem se considera o membro mais genial da grande família animal, onde talvez já tenha esquecido aquele desprezo da Idade Média pelo animal, precisa antes de tudo orientar-se de forma nova. A perda dos antigos padrões de valor significa, em princípio, tanto quanto o caos moral: duvida-se das formas anteriores, começa-se a discutir as coisas que até agora estavam sob a proteção de um juízo moral, pesquisa-se com afã os fatos reais, tem-se necessidade premente de material empírico, quer se saber e conhecer. Os olhos da ciência são terríveis e claros; não têm medo de encarar escuridões morais e cantos sujos. O homem de hoje já não pode contentar-se com nenhum juízo tradicional, quer saber o porquê. Esta pesquisa o leva a novos padrões de valor.

Um desses pontos de vista modernos é o *juízo de valor higiênico*. Devido à discussão mais aberta e objetiva da questão sexual, também aumentou o conhecimento dos males e perigos das doenças venéreas. O antigo medo moral da culpa foi substituído pelo dever da conservação consciente da própria saúde. Mas este processo moral de saneamento ainda não avançou tanto que a consciência pública aplique aos transmissores de doenças venéreas as mesmas medidas estatais que aplica aos outros doentes infecciosos. As doenças venéreas são ainda consideradas doenças "indecentes",

[211]

ao contrário da varíola e do cólera que são moralmente de salão. A humanidade posterior e melhor há de rir dessa diferenciação.

[212] Sem considerar o fato das doenças venéreas, a ampla discussão da questão sexual trouxe à superfície da consciência social a extraordinária importância da sexualidade em todas as suas ramificações psíquicas. Grande parte desse trabalho foi feito pela pesquisa psicanalítica, bastante divulgada nestes últimos 25 anos. Já não é possível hoje em dia passar por cima da importante realidade psicológica da sexualidade com ar de deboche ou com indignação moral. Começa-se a incluir a questão sexual no círculo dos grandes problemas e a discuti-la com a seriedade que sua importância merece. Disso resulta naturalmente que muita coisa até aqui considerada assunto encerrado será posta em dúvida. Duvida-se, por exemplo, se a sexualidade oficialmente sancionada é a única forma moralmente possível e se todas as demais formas devem ser condenadas em bloco. Os argumentos a favor e contra vão perdendo sua agudeza moral; pontos de vista práticos vão entrando na discussão e finalmente começa-se a descobrir que a legitimidade tradicional não é *eo ipso* a mesma coisa que alto nível moral.

[213] Os problemas matrimoniais, com seu pano de fundo muitas vezes bem sombrio, tornaram-se objeto da literatura de romances. Enquanto o romance de estilo antigo terminava em feliz noivado ou casamento, o romance moderno começa frequentemente após o casamento. Nestes produtos beletrísticos, que caem na mão de qualquer um, são tratados os problemas mais íntimos com uma sem-cerimônia que chega a ser dolorosa. Não falaremos aqui da torrente de literatura mais ou menos diretamente pornográfica. O livro de Forel *A questão sexual*, de cunho científico-popular, teve não apenas larga difusão mas encontrou também vários

imitadores. Na literatura científica apareceram compêndios que superam em extensão e profundidade o antigo livro de Krafft-Ebing *Psychopathia sexualis* e em forma tal que seria impossível imaginar há trinta ou quarenta anos.

[214] Estes fenômenos gerais e conhecidos em geral são um sinal dos tempos. Permitem ao jovem de hoje tomar conhecimento de toda a importância do problema da sexualidade bem mais cedo e em maior profundidade do que seria possível há duas décadas atrás. Não são poucos os que consideram esta preocupação antecipada com o problema sexual como algo não sadio ou como uma espécie de degeneração da cidade grande. Lembro-me de ter lido, há uns quinze anos, um artigo nos *Annalen der Naturphilosophie* onde um autor dizia verbalmente: "Povos que vivem integrados na natureza como os esquimós, suíços etc. não têm problemas sexuais". Não é preciso refletir muito para entender por que os primitivos não têm problemas sexuais; não tinham outro problema que não fosse o de encher o estômago. Os outros problemas são privilégio do homem civilizado. Na Suíça não há cidades grandes, mas assim mesmo existem tais problemas. Por isso também não creio que a discussão do problema sexual seja algo não sadio ou até mesmo degenerativo, mas vejo neste problema um sintoma do grande processo de revolução psicológica de nosso tempo, tão rico em mudanças desse tipo. Acho mesmo que é melhor e mais sadio que se discuta com seriedade e profundeza esta tão importante questão para a vida e felicidade das pessoas. Com certeza haverá pessoas que praticarão abusos, mas isto não é intrínseco ao problema; é sinal da mediocridade dessa gente e, além do mais, abusos sempre foram praticados em todos os tempos, contra tudo e contra todos.

[215] Sem dúvida, o tratamento sério dessa questão é que leva ao fenômeno antigamente desconhecido do casamento de

estudantes. Devido à falta de experiências, é difícil julgar este fenômeno. Nos tempos antigos houve grande profusão de casamentos de jovens, inclusive casamentos em condições sociais bem instáveis. Portanto, considerado em si, o casamento de estudantes é algo perfeitamente possível. Outra coisa é a questão dos filhos. Se ambos os parceiros estudam, ter filhos é assunto a ser excluído. Um casamento que se mantém artificialmente sem filhos é sempre algo problemático, pois os filhos são a massa que segura quando nada mais segura. E é o cuidado dos filhos comuns que, em inúmeros casamentos, mantém vivo o sentimento de companheirismo, tão importante para a constância do matrimônio. Quando não há filhos, o interesse dos parceiros se volta um para o outro, o que em si é bom; mas na prática esta mútua preocupação nem sempre é amorosa. Os esposos despejam um sobre o outro a insatisfação que sentem. Nestas condições, é melhor que a mulher também estude, pois, caso contrário, ficará sem assunto; e existem muitas mulheres que, uma vez casadas, não suportam ficar sem filhos e elas mesmas se tornam insuportáveis. Se a mulher estudar, terá ao menos um objetivo bastante satisfatório fora do casamento. A mulher muito voltada para o filho e que, no casamento, pensa mais no filho do que no marido, deveria ponderar três vezes antes de casar sendo estudante. Também deve saber que o sentimento materno muitas vezes só irrompe de modo imperioso mais tarde, ou seja, após o casamento.

[216] Quanto ao casamento precoce de estudantes, podemos observar o mesmo que diríamos sobre todos os casamentos prematuros. A mulher com vinte anos é, em geral, mais velha do que um homem de vinte e cinco anos, isto com referência à maturidade de julgamento sobre pessoas. Em muitos homens de vinte e cinco anos a puberdade psíquica

ainda não terminou. A puberdade é uma época de ilusões e de responsabilidade parcial. Isto se deve ao fato de o rapaz, até a época da maturidade sexual, ser ainda bastante infantil, ao passo que a moça desenvolve bem mais cedo as sutilezas psíquicas que fazem parte da puberdade. Nesta infantilidade do rapaz irrompe muitas vezes de modo tempestuoso e brutal a sexualidade, enquanto que na mocinha, apesar de se ter iniciado a puberdade, a sexualidade continua dormitando até que a paixão amorosa a acorde. Há um número surpreendentemente grande de mulheres em que a verdadeira sexualidade, apesar do casamento, continua por longo tempo virginal e talvez só se torne consciente quando a mulher se enamora de outro homem que não o marido. Este é o motivo por que muitas mulheres nada entendem da sexualidade masculina, pois não têm consciência alguma de sua própria sexualidade. O caso é diferente com o homem: a sexualidade se impõe a ele como realidade brutal, enchendo-o de tempestade e ímpeto, de necessidades e lutas. Raros são aqueles que escapam do doloroso e amedrontador problema da masturbação, ao passo que a mocinha pode estar praticando a masturbação durante anos, sem saber o que está fazendo.

A irrupção da sexualidade no homem produz grande mudança em sua psicologia. Em breve terá a sexualidade do homem adulto, mas ainda tem alma de criança. Qual impetuosa água suja caem as torrentes de fantasias obscenas e o linguajar desbocado dos colegas sobre os sentimentos ternos e infantis, sufocando-os às vezes para sempre. Surgem conflitos morais inesperados, tentações de toda espécie assaltam o novo homem e ocupam sua fantasia. A assimilação psíquica do complexo sexual traz-lhe as maiores dificuldades, mesmo que não tenha consciência do problema. O começo da puberdade também opera mudanças considerá-

[217]

veis na aparência do corpo e em seu metabolismo; surgem, por exemplo, erupções cutâneas purulentas que chamamos espinhas. Da mesma forma, sua psique é afetada e tirada de seu equilíbrio. Nesta idade, o jovem está cheio de ilusões que são sempre sinal de perda do equilíbrio psíquico. Por longo tempo, as ilusões impossibilitam uma estabilidade e maturidade do julgamento. Seus gestos, interesses e planos de vida ainda mudam muito. De repente pode enamorar-se perdidamente por uma moça e quinze dias depois não consegue entender como pôde acontecer tal coisa. Está tão cheio de ilusões que precisa desses erros a fim de tomar consciência de seus gostos e de seu julgamento individual. Nesta idade está fazendo *experiências* com a vida. E *precisa* fazê-las a fim de poder construir julgamentos corretos. Mas não se fazem experiências sem erros ou falhas. Isto explica o fato de que a maioria dos homens teve alguma experiência sexual antes do casamento. Na puberdade, a experiência é muitas vezes homossexual e é muito mais frequente do que imaginamos; mais tarde são experiências heterossexuais, nem sempre bonitas. Quanto menos o complexo sexual estiver assimilado ao todo da personalidade, tanto mais autônomo e instintivo será. A sexualidade será então puramente animalesca e não conhecerá qualquer diferença psíquica. A mulher mais degradada pode satisfazer, basta ser mulher e ter os respectivos caracteres secundários. Um passo errado desse tipo não autoriza que tiremos conclusões sobre o caráter definitivo do homem, pois o ato pode ter ocorrido numa época em que o complexo sexual ainda estava separado da influência psíquica. Contudo, muitas experiências desse tipo exercem influência negativa sobre a formação da personalidade, pois, devido ao costume, fixam a sexualidade num nível tão baixo que se torna inaceitável à personalidade moral. Decorre disto que este homem, apesar de externamente ser um respeitável esposo, moralmente alimenta fantasias sexuais profundamente arraigadas, ou ao menos as reprime, mas que, surgindo a oportunidade, voltam à tona na forma primitiva, para surpresa da esposa desprevenida, pressupondo-se que ela perceba alguma coisa. Nestes casos não é raro que se manifeste relativamente cedo uma frigidez de sentimentos para com a esposa. Muitas vezes a mulher é frígida desde o início do casamento porque não consegue reagir a esta espécie de sexualidade do homem. A fraqueza de discernimento do homem na puberdade deveria levá-lo a pensar seriamente sobre a escolha prematura de uma mulher.

Vamos agora a outras formas de relacionamento entre os sexos que são usuais na idade estudantil. Como sabem, existem "relações" características entre estudantes, sobretudo nas grandes universidades estrangeiras. Estas ligações têm certa estabilidade e, em determinadas circunstâncias, também certo valor psíquico, isto é, não consistem apenas em sexualidade mas também parcialmente em amor. Às vezes pode resultar dessa "relação" um casamento posterior. Por isso trata-se de uma relação bem superior à da prostituição. Limita-se, porém, via de regra, àqueles estudantes que foram cautelosos na escolha: é em geral uma questão de dinheiro, pois na maior parte das vezes as moças a que nos referimos dependem da ajuda financeira de seus amantes, o que não significa que estejam vendendo seu amor por dinheiro. Muitas vezes isto significa para a moça um belo episódio numa existência, de resto, pobre e vazia de amor; para o rapaz pode ser o primeiro contato íntimo com a mulher e uma lembrança que nos anos vindouros lhe será grata. É frequente também que desse relacionamento nada resulte de positivo, em parte devido à crua busca de prazer, irreflexão e falta de sentimentos do homem e, em parte, devido à tolice, leviandade e volubilidade da moça.

[218]

[219] Mas sobre estes "relacionamentos" pende sempre a espada de Dâmocles da transitoriedade que impede o surgimento de valores mais altos. São apenas episódios, experiências de valor bem limitado. O pernicioso desses relacionamentos para a formação da personalidade está no fato de que o homem consegue granjear a moça com muita facilidade, o que resulta numa depreciação do objeto. É cômodo ao homem resolver seu problema sexual dessa forma simples e sem responsabilidade. Fica mal acostumado. Mais ainda: o fato de estar sexualmente satisfeito retira-lhe aquele arrojo que gostamos de encontrar em todo jovem. Torna-se presunçoso e pode até esperar; enquanto isso, passa em revista todo o contingente feminino até descobrir a parte que mais o toca. Se acontecer o casamento, o "relacionamento" é desligado. Este procedimento não é salutar ao caráter; também a forma inferior de relacionamento serve para manter a sexualidade numa forma de desenvolvimento inferior, o que pode facilmente levar a dificuldades no casamento. Ou se as fantasias desse estágio forem reprimidas, teremos como resultado um neurótico ou, pior ainda, um zelador da moral.

[220] Não é raro haver relações homossexuais entre estudantes, e em ambos os sexos. Pelo que conheço desse fenômeno, estas relações são menos frequentes entre nós e no Continente em geral do que em outros países onde os estudantes masculinos e femininos vivem em ambientes bem separados. Não falo aqui daqueles homossexuais patológicos que são incapazes de verdadeira amizade e, portanto, não são bem aceitos entre os normais, mas dos jovens mais ou menos normais que sentem uma amizade tão entusiástica um pelo outro que manifestam este sentimento também sob forma sexual. Não se trata nestes casos de masturbação mútua que era usual nos ginásios e internatos dos tempos passados, mas de uma forma superior e mais espiritual que

merece o nome de "amizade" no sentido clássico da palavra. Se esta amizade ocorre entre pessoa mais velha e mais nova, não se lhe pode negar o aspecto educativo. Um professor, por exemplo, com leve inclinação homossexual deve muitas vezes seus brilhantes dotes educacionais a esta inclinação. Pode também a relação homossexual entre pessoa mais velha e mais jovem ser proveitosa para ambas e significar uma melhoria na vida. Condição indispensável para a validade desse relacionamento é a lealdade e constância da amizade. Isto muitas vezes não existe. Quanto mais declarado o homossexual, mais inclinado está à deslealdade e à simples perversão de menores. Mas também onde predominam a lealdade e verdadeira amizade pode haver consequências indesejáveis para a formação da personalidade. Este tipo de amizade significa naturalmente um culto especial do sentimento, portanto do elemento feminino no homem. Ele se torna sentimental, expressivo, esteta, sensível, ou seja, efeminado. E este comportamento feminino não fica bem para o homem.

Os mesmos aspectos positivos podem ser apontados na amizade entre mulheres, só que aqui a diferença de idade e o momento educativo têm menos importância. Serve mais para troca de sentimentos carinhosos, por um lado, e troca de ideias, por outro. Trata-se, na maioria dos casos, de mulheres temperamentais, intelectuais e algo masculinizadas que neste tipo de relação procuram apoio e supremacia contra o homem. Por isso sua atitude para com o homem é muitas vezes de autossegurança estranha e de certa resistência. O efeito sobre o caráter consiste num fortalecimento dos traços masculinos e perda do encanto feminino. Não raro o homem descobre sua homossexualidade quando percebe que uma mulher desse tipo o deixa mais frio que uma geladeira.

[221]

[222]　　　Em casos normais, a prática da homossexualidade não prejudica a vida heterossexual posterior. Ambas as práticas podem inclusive subsistir por certo tempo. Conheci uma mulher muito inteligente que viveu grande parte de sua vida numa relação homossexual e que aos cinquenta anos resolveu assumir um relacionamento normal com um homem.

[223]　　　Entre os relacionamentos sexuais do período estudantil temos que mencionar um que é bastante normal, ainda que algo peculiar: o relacionamento do jovem com mulher mais velha que seja casada ou ao menos viúva. Talvez os senhores pensem em Jean-Jacques Rousseau e sua relação com Madame de Warens. Tenho em mente este tipo ou outro semelhante. Em tais casos, o homem é em geral tímido, inseguro, internamente medroso e infantil. Ele está procurando uma mãe. Muitas mulheres gostam imensamente de um homem algo desamparado, principalmente quando são mais velhas do que ele ou não gostam da força, virtudes e méritos do homem, mas de suas fraquezas. Acham encantadores os seus infantilismos. Se gagueja um pouco, é maravilhoso; se manca, desperta a compaixão materna e muito mais. Quase sempre a mulher o seduz e ele se aninha em seu seio materno.

[224]　　　Mas nem sempre o jovem medroso continua sendo meio criança. Talvez sua masculinidade subdesenvolvida estivesse precisando dessa superabundância de cuidados maternos para então manifestar-se. Esta mulher significa para ele uma educação do sentimento até a plena consciência. Aprende a conhecer uma mulher com experiência da vida e do mundo e que é cônscia de si; tem oportunidade assim de dar uma rara olhada nos bastidores do vasto mundo. Mas esta vantagem só tem aquele que supera este tipo de relação; se nele permanecer, o cuidado maternal acabará por arruiná-lo. O carinho materno é o pior veneno para quem

deve preparar-se para a dura e implacável luta da vida. Não conseguirá libertar-se das saias dela e pode tornar-se um parasita sem fibra – pois em geral ela tem dinheiro – ficando ao nível dos papagaios, cachorrinhos e gatos de mulheres mais velhas.

Senhoras e senhores, chegamos agora, em nossa conferência, àquelas formas de relacionamento que não oferecem nenhuma solução ao problema sexual: são as relações assexuais ou "platônicas". Se pudéssemos fazer uma estatística confiável dos relacionamentos estudantis, ficaria demonstrado que a maioria dos estudantes da Suíça cultiva relações platônicas. Aqui surge naturalmente a questão da abstinência sexual. É bastante comum a opinião de que a abstinência do intercurso sexual seja prejudicial à saúde. Isso é um equívoco, sobretudo na idade estudantil. A abstinência pode ser prejudicial só quando o homem atingir a idade de coabitar com uma mulher e sua constituição individual tende a isto. A intensificação, às vezes extraordinária, da necessidade sexual sob esta constelação psicológica especial tem a finalidade biológica de eliminar certos escrúpulos, preconceitos e hesitações. Isto às vezes é necessário, pois a decisão de casar, com todas as suas dúvidas, já deixou muita gente ressabiada. Por isso é bem normal que a natureza procure forçá-lo a ultrapassar os obstáculos. Sob estas condições, a resistência contra a abstenção do intercurso sexual pode prejudicar, mas não quando não existe nenhuma probabilidade e necessidade físicas ou psicológicas.

[225]

Esta questão apresenta certa semelhança com a questão da periculosidade da masturbação. Em circunstâncias de impossibilidade física ou psíquica do intercurso sexual, a masturbação não é prejudicial. Os jovens que procuram o médico por causa da masturbação com sequelas prejudiciais não são aqueles que se masturbam excessivamente – estes

[226]

em geral não precisam de médico porque não são doentes – mas sua masturbação tem sequelas funestas porque apresenta uma complicação psicológica, de um lado, por causa dos remorsos e, de outro, por causa de um deleitar-se nas fantasias sexuais. Esta segunda forma é frequente em mulheres. Tal masturbação psiquicamente complicada é prejudicial, não porém a masturbação por necessidade, comum e descomplicada. Mas se a masturbação for levada até a idade adulta, onde existe a possibilidade física, psíquica e social do intercurso sexual e é usada para fugir das exigências da vida e das decisões responsáveis, então terá novamente efeitos perniciosos.

[227] A relação platônica dos sexos na idade estudantil é assunto de grande importância. Sua forma mais comum é o *flirt* que consiste numa atitude experimental, bem própria desta idade. Trata-se de uma atitude voluntária mas que, por consenso tácito de ambos os lados, é sem compromisso. Aqui reside sua vantagem e também sua desvantagem. A atitude experimental possibilita um aprender a conhecer-se sem consequências fatais. Ambos os sexos exercitam seu julgamento e seu jeito de expressar-se, adaptar-se e defender-se em relação ao outro. Muitíssimas experiências de valor inestimável para a vida futura são acumuladas no *flirt*. Mas o caráter de descompromisso pode facilmente transformar o *flirt* em algo habitual, insípido, superficial e sem coração. O homem se torna um dândi, um partidor de corações, e nem imagina a figura insossa que está fazendo. A mulher se torna coquete, não sendo levada a sério por nenhum homem de respeito. Por isso não se pode aconselhar o *flirt* a qualquer custo.

[228] Fenômeno talvez bem mais comum do que o *flirt* é o surgimento e cultivo consciente de um *amor sério*. Poderíamos dizer que este fenômeno é simplesmente o ideal, sem com isto cair no romantismo tradicional. Para a formação

da personalidade, o despertar bem cedo e o cultivo consciente de um sentimento profundo, sério e responsável, é sem dúvida de grande valor em todos os aspectos. Tal relacionamento pode ser para o homem o melhor escudo contra os desvios e tentações, contra qualquer tipo de dano físico ou psíquico e, além disso, ser poderoso incentivo para o trabalho, competência, lealdade e probidade. Mas não existe valor tão grande que não tenha alguma desvantagem. Um relacionamento tão ideal torna-se facilmente exclusivista. Sempre se tem diante dos olhos apenas o mesmo objeto e o mesmo objetivo. Por causa de seu amor, o jovem fica excluído demais da companhia de outras mulheres, e a moça não aprende a arte do jogo erótico porque já possui o seu homem. E o instinto de posse na mulher é assunto perigoso. Facilmente pode acontecer que o homem faça depois do casamento todas as experiências com outras mulheres que não fez antes do casamento.

Do que ficou dito, não se pode concluir que todo relacionamento amoroso desse tipo seja sempre algo ideal. Há casos que são exatamente o contrário. São aqueles, por exemplo, em que enveredam os namorados de escola, casando-se mais por força do hábito do que por outras razões. Por indolência, temperamento ou acanhamento não conseguem separar-se; talvez os pais de ambos também achem o relacionamento bem conveniente e, como nasceu da falta de reflexão e do costume, é aceito passivamente como assunto encerrado que simplesmente perdura. Aqui se multiplicam os inconvenientes, sem nenhum ponto favorável. Entretanto, a aparente vantagem é, para a formação da personalidade, um nefasto comodismo e passividade que impede a manifestação de experiências positivas e o exercício dos dons e virtudes do homem e da mulher. Qualidades morais só se adquirem na liberdade e se comprovam apenas em

[229]

situações moralmente perigosas. O ladrão que não rouba porque está preso não é uma personalidade moral. Os pais desses filhos podem olhar comovidos para este casamento e creditar em sua conta de virtudes a respeitabilidade de sua descendência, mas esta vantagem é apenas fantasia; não é nenhuma força moral, mas dormência imoral.

[230] Com isto, senhoras e senhores, quero encerrar o panorama geral sobre a situação como se apresenta hoje e voltar-me para o capítulo dos *desiderata* (coisas desejáveis) e das utopias.

[231] Não é possível discutir hoje o problema do amor sem falar também da *utopia do amor livre*, inclusive do *casamento experimental*. Para adiantar, considero estas ideias como imagens de desejos e como tentativas de tornar fácil o que real e irrestritamente é difícil. Nosso tempo é rico neste tipo de tentativas; houve mais de cem mil cidadãos suíços que achavam estar tudo resolvido com a repartição dos bens, quando todos sabem que apenas a iniciativa, a retidão e responsabilidade do indivíduo pode manter o povo com vida. Como não existe erva contra a morte, assim também não há meios simples de tornar fácil um assunto tão difícil como é a vida. Só podemos vencer a gravidade através do uso da quantidade de energia correspondente. Da mesma forma, a solução do problema amoroso desafia o homem todo. Soluções satisfatórias só existirão quando houver uma solução global. Todo o resto é obra malfeita e imprestável. O amor livre seria admissível se todas as pessoas tivessem posturas de alta moralidade. Mas a ideia do amor livre não foi lançada com este fim, mas para que parecesse fácil algo bem difícil. Faz parte do amor a profundidade e fidelidade do sentimento, pois sem elas o amor não seria amor, mas simples capricho. O verdadeiro amor sempre pressupõe um vínculo duradouro e responsável. Precisa da liberdade para

a escolha, não para a realização. Todo amor verdadeiro e profundo é um sacrifício. A gente sacrifica suas possibilidades, ou melhor, as ilusões de suas possibilidades. Se não houvesse necessidade desse sacrifício, nossas ilusões impediriam o surgimento do sentimento profundo e responsável e, com isso, ficaríamos privados também da possibilidade de experimentar o verdadeiro amor.

[232] O amor tem mais do que um ponto em comum com a convicção religiosa: exige uma aceitação incondicional e uma entrega total. Assim como o fiel que se entrega todo a seu Deus participa da manifestação da graça divina, também o amor só revela seus mais altos segredos e maravilhas àquele que é capaz de entrega total e de fidelidade ao sentimento. Pelo fato de isto ser muito difícil, poucos mortais podem orgulhar-se de tê-lo conseguido. Mas, por ser o amor devotado e fiel o mais belo, nunca se deveria procurar o que pode torná-lo fácil. Alguém que se apavora e recua diante da dificuldade do amor é péssimo cavaleiro de sua amada. O amor é como Deus: ambos só se revelam aos seus mais bravos cavaleiros.

[233] Da mesma forma critico o casamento experimental. O simples fato de se assumir um casamento experimental significa que existe de antemão uma reserva: a pessoa quer certificar-se, não quer queimar a mão, não quer arriscar nada. Mas com isto se impede a realização de uma verdadeira experiência. Não é possível sentir os terrores do gelo polar na simples leitura de um livro, nem se escala o Himalaia assistindo a um filme.

[234] O amor custa caro e nunca deveríamos tentar torná-lo barato. Nossas más qualidades, nosso egoísmo, nossa covardia, nossa esperteza mundana, nossa ambição, tudo isso quer persuadir-nos a não levar a sério o amor. Mas o amor

só nos recompensará se o levarmos a sério. Considero um desacerto falarmos nos dias de hoje da problemática sexual sem vinculá-la ao amor. As duas questões nunca deveriam ser separadas, pois se existe algo como problemática sexual esta só pode ser resolvida pelo amor. Qualquer outra solução seria um substituto prejudicial. A sexualidade simplesmente experimentada como sexualidade é animalesca. Mas como expressão do amor é santificada. Por isso não perguntamos o que alguém faz, mas como o faz. Se o faz por amor e no espírito do amor, então serve a um Deus; e o que quer que faça não cabe a nós julgá-lo, pois está enobrecido.

[235] Espero que levem dessa conferência a impressão de que jamais pronunciei um julgamento moral sobre a sexualidade enquanto fenômeno natural, mas fiz depender o julgamento moral da intenção que se tem ao usá-la.

O casamento como relacionamento psíquico[25]

Como relacionamento psíquico o matrimônio é algo de complicado, sendo constituído por uma série de dados subjetivos e objetivos que em parte são de natureza muito heterogênea. Visto que pretendo, nesta contribuição, limitar-me ao problema psicológico do matrimônio, deverei excluir principalmente os aspectos de natureza jurídica e social, ainda que estes fatos também influam muito no relacionamento psíquico entre os esposos. [324]

Sempre que tratamos do relacionamento psíquico, pressupomos a *consciência*. Não existe nenhum relacionamento psíquico entre dois seres humanos se ambos se encontrarem em estado inconsciente. Se tomarmos algum outro ponto de vista, por exemplo, o ponto de vista fisiológico, poderíamos dizer que estão relacionados, mas tal relacionamento não poderia ser considerado psicológico. A suposta inconsciência total certamente não ocorre nessa medida; contudo, existe a inconsciência parcial em amplitude nada desprezível. Na medida em que existirem tais inconsciências, também se reduz o relacionamento psíquico. [325]

Na criança a consciência emerge das profundezas da vida psíquica inconsciente, formando no começo como que ilhas isoladas, as quais aos poucos se reúnem em um "conti- [326]

---

25. Excertos retirados de C.G. Jung. *O desenvolvimento da personalidade* [OC, 17] – 11. ed. Petrópolis: Vozes, 2011, § 324-345, tradução de Frei Valdemar do Amaral, O.F.M.

nente", para formar uma consciência coerente. O processo gradativo do desenvolvimento espiritual significa *ampliações da consciência*. Desde o momento em que aparece a consciência coerente, existe a possibilidade do relacionamento psíquico. Consciência, segundo nossa concepção, é sempre consciência do "eu". Para tornar-me consciente de mim mesmo, devo poder distinguir-me dos outros. Apenas onde existe essa distinção, pode aparecer um relacionamento. Ainda que de modo geral se faça essa distinção, ela é, contudo, normalmente cheia de lacunas, podendo talvez permanecer inconscientes regiões muito amplas da vida psíquica. Quanto aos conteúdos inconscientes não é possível qualquer distinção; e, por isso, nesse campo não pode ser estabelecido nenhum relacionamento; nessa região reina ainda o estado inicial da *identidade primitiva* do "eu" com os outros, e assim ausência completa de relacionamento.

[327] Ao atingir a idade adequada para o casamento, já tem o jovem a consciência do "eu" (a moça geralmente mais do que o rapaz), mas só há pouco tempo ele emergiu do nebuloso inconsciente inicial. Tem ainda vastas regiões que permanecem na sombra da inconsciência, as quais ainda não permitem que se estabeleça o relacionamento psíquico no âmbito que alcançam. Isto significa na prática que o jovem tem um conhecimento incompleto tanto de si mesmo como do outro; por isso também conhece de modo insuficiente os motivos do outro como também os próprios. Na maioria das vezes o jovem costuma agir levado apenas por motivos inconscientes. Naturalmente, do ponto de vista subjetivo, ele tem a impressão de estar muito consciente, pois é sempre costume a pessoa exagerar os conteúdos conscientes atuais. Constituirá, pois, grande surpresa a descoberta de que aquilo que se considerava como um pico finalmente alcançado, na realidade é apenas o degrau inferior de uma

escada muito grande; e isto se dará sempre de novo. Quanto maior for a extensão da inconsciência, tanto menor se tratará de uma escolha livre no casamento; de modo subjetivo isto se faz notar pela *coação do destino,* claramente perceptível em toda a pessoa apaixonada. Mesmo quando faltar o apaixonamento continua a existir a coação, contudo de forma menos agradável.

Os motivos ainda inconscientes são de natureza tanto pessoal como geral. Primeiramente há os motivos provenientes da *influência dos pais.* Neste particular é decisivo para o rapaz o relacionamento com a mãe, e para a moça o relacionamento com o pai. Em primeiro lugar é o grau de ligação aos pais que influencia a escolha do consorte, favorecendo ou dificultando. O amor consciente para com o pai e a mãe favorece a escolha de um consorte semelhante ao pai ou à mãe. Ao contrário, a ligação inconsciente (a qual não precisa de maneira alguma manifestar-se como amor) dificulta a escolha desse consorte e força modificações curiosas. Para compreendê-las deve-se saber antes de mais nada donde provém essa ligação inconsciente com os pais e em que circunstâncias ela força a escolha ou até a impede. *Em regra, a vida que os pais podiam ter vivido, mas foi impedida por motivos artificiais, é herdada pelos filhos, sob uma forma oposta.* Isto significa que os filhos são forçados inconscientemente a tomar um rumo na vida que compense o que os pais não realizaram na própria vida. Assim, pais exageradamente moralistas têm filhos do tipo conhecido como sem moral, e um pai irresponsável e boêmio tem um filho dotado de ambição doentia, e assim por diante. A *inconsistência artificial* dos pais tem as piores consequências. Dá-se isto, por exemplo, no caso de uma mãe que de modo artificial se mantém inconsciente para não perturbar a aparência de um bom matrimônio, mas inconscientemente

[328]

conserva o filho muito preso a si mesma, quase como um substitutivo do marido. Por esta razão o filho não precisa sentir-se sempre impelido para a homossexualidade, mas apenas para outras modificações na escolha, as quais na verdade não lhe são condizentes. Poderá, por exemplo, casar-se com uma moça que seja evidentemente inferior à mãe dele e assim não esteja em condições de concorrer com ela, ou então tornar-se vítima de uma mulher de índole tirânica e arrogante, que de certo modo deverá desprendê-lo da mãe. A escolha do cônjuge poderá ficar livre de tais influências, se os instintos não estiverem atrofiados, mas cedo ou tarde se manifestarão certos obstáculos. A escolha feita apenas sob o impulso do instinto poderia ser a melhor, do ponto de vista da conservação da espécie; do ponto de vista psicológico, porém, nem sempre é a acertada porque muitas vezes há uma grande distância entre a personalidade meramente instintiva e a personalidade individualmente diferenciada. Em tal caso a raça pode ser renovada ou melhorada pela escolha meramente instintiva, mas destrói-se desse modo a felicidade individual. (O conceito de instinto nada mais é do que um conceito genérico que engloba todos os fatores orgânicos e psíquicos possíveis, cuja natureza desconhecemos em sua maior parte.)

[329]   Se o indivíduo devesse ser considerado apenas sob a perspectiva da conservação da espécie, certamente a melhor escolha seria a puramente instintiva. Como suas bases são inconscientes, sobre elas apenas se pode estabelecer uma espécie de relacionamento impessoal, tal como se observa de modo interessante entre os povos primitivos. Se é que se pode falar aí de algum "relacionamento", somente seria no sentido de relacionamento apagado e distante, de natureza acentuadamente impessoal, regulado completamente por costumes tradicionais e por preconceitos, enfim um modelo para qualquer casamento convencional.

A escolha do parceiro normalmente se realiza por motivos inconscientes e instintivos, desde que o casamento não tenha sido arranjado pela inteligência, pela astúcia ou pelo tal amor providente dos pais; deve-se ainda supor igualmente que não tenha havido deformação do instinto primitivo dos filhos, seja pela educação errada ou pela influência oculta proveniente de complexos que os pais tenham negligenciado em si mesmos ou acumulado. A inconsciência produz falta de diferenciamento ou identidade inconsciente. A consequência prática disso é que cada um pressupõe no outro estrutura psíquica semelhante. A sexualidade normal, por ser uma vivência comum e aparentemente da mesma orientação, fortalece esse sentimento de unidade e de identidade. Este estado é designado como *harmonia* completa e apregoado como constituindo a grande felicidade. ("Um só coração e uma só alma.") Há certamente razão para esse julgamento, pois o retorno àquele estado inicial de inconsciência e de unidade inconsciente seria como que uma volta à infância (daí os modos infantis dos enamorados) e, mais ainda, como um retorno ao seio materno, a esse mar repleto de pressentimentos acerca da exuberância criadora ainda inconsciente. Na verdade trata-se de uma vivência genuína e inegável da divindade, cuja força dominadora apaga e absorve tudo o que é individual. É a própria comunhão com a vida e com o destino impessoal. A vontade própria que se afirma a si mesma é dobrada: a mulher torna-se mãe e o homem torna-se pai; desse modo ambos são privados da liberdade e tornam-se instrumentos da vida que prossegue.

[330]

O relacionamento se conserva dentro dos limites da finalidade biológica do instinto: a conservação da espécie. Sendo esta finalidade de natureza coletiva, o relacionamento psíquico dos esposos é também essencialmente coletivo e não pode, portanto, ser considerado *relacionamento pes-*

[331]

soal em sentido psicológico. Somente poderemos falar em tal relacionamento quando se tornar conhecida a natureza da motivação inconsciente e quando estiver suprimida em larga escala a identidade inicial. Raras vezes, ou até mesmo nunca, um matrimônio se desenvolve tranquilo e sem crises, até atingir o relacionamento individual. Não é possível tornar-se consciente sem passar por sofrimentos.

[331a] Vários são os caminhos que levam à conscientização, mas eles obedecem a certas leis. Geralmente a mudança começa com o *início da segunda metade da vida*. O meio da vida é um tempo de suma importância psicológica. A criança começa sua vida psíquica em ambiente acanhado, o ambiente de influência da mãe e da família. À medida que prossegue a maturidade, alarga-se o horizonte e também a esfera da própria influência. A esperança e a intenção visam alargar a esfera pessoal de poder e de posse, e o desejo tenta abranger o mundo em amplidão crescente. A vontade do indivíduo se identifica cada vez mais com as finalidades oferecidas pela natureza dos motivos inconscientes. Até certo ponto a pessoa começa a insuflar assim sua vida nas coisas, até o ponto em que elas finalmente começam também a viver e a expandir-se, ultrapassando a própria pessoa. As mães se sentem ultrapassadas pelos filhos, os homens por suas criações; aquilo que se chamou à vida, inicialmente a custo, talvez mesmo com o máximo esforço, agora já não pode ser contido. De início era paixão, depois se tornou obrigação e por fim vem a ser um peso insuportável, uma espécie de vampiro a sugar a vida de seu criador. O meio da vida é um tempo de desenvolvimento máximo, quando a pessoa ainda está trabalhando e operando com toda a sua força e todo o seu querer. Mas nesse momento tem início o entardecer, e começa a segunda metade da vida. A paixão muda de aspecto e passa a ser dever, o querer transforma-se inexora-

velmente em obrigação; as voltas da caminhada, que antes estavam cheias de surpresas e descobertas, agora nada mais são do que rotina. O vinho acabou de fermentar e começa a clarear. Desenvolvem-se tendências conservadoras, se tudo está em ordem. Em vez de se olhar para a frente, muitas vezes, sem querer, se olha agora para o passado; principia-se a prestar contas sobre a maneira pela qual a vida se desenvolveu até o momento. Procura-se encontrar suas motivações verdadeiras e surgem descobertas. O indivíduo consegue conhecer sua peculiaridade por meio da consideração crítica de si próprio e de seu destino. Mas esses conhecimentos não lhe são dados de graça. Chega-se a tais conhecimentos apenas por abalos violentos.

Como os escopos visados na segunda metade da vida diferem dos da anterior, pode surgir a desunião da vontade, se alguém permanecer por demasiado tempo numa atitude juvenil. A consciência impele para a frente, de acordo com a inércia que lhe é própria; o inconsciente retém o avanço, porque se esgotaram a força e a vontade internas para uma ulterior expansão. Essa desunião consigo mesmo gera descontentamento e, como a pessoa não está consciente desse seu estado, procura geralmente projetar no outro cônjuge os motivos de tudo isso. Origina-se então uma atmosfera crítica, que é a condição indispensável para a tomada de consciência. Nem sempre tal estado ocorre simultaneamente nos dois esposos. Mesmo o melhor casamento não é capaz de apagar as diferenças individuais e tornar os estados dos esposos absolutamente idênticos. Normalmente um deles resolve seu caso no matrimônio mais depressa do que o outro. Alguém que se baseia num relacionamento positivo com os pais encontrará pouca ou nenhuma dificuldade em relacionar-se com o outro; entretanto o outro cônjuge poderá sentir-se impedido, porque está preso aos pais por uma ligação

[331b]

mais profunda e inconsciente. Por isso apenas mais tarde conseguirá adaptar-se completamente; mas, como atingiu esse estado com maior dificuldade, procurará talvez ater-se a ele por mais tempo.

[331c] Os fatores que causam dificuldade típica nesse momento crítico são, por um lado, a *desigualdade de tempo* no desenvolvimento, e, de outro, o *alcance da personalidade espiritual*. Não desejo, contudo, dar a impressão de que entendo por "alcance da personalidade espiritual" sempre uma natureza extraordinariamente rica ou generosa. A significação absolutamente não é esta. Prefiro entender a expressão como uma certa *complicação* da natureza espiritual; poderíamos compará-la com uma pedra de inúmeras facetas em contraste com um simples cubo. São naturezas de muitas faces, em geral cheias de problemas, dotadas de unidades psíquicas hereditárias mais ou menos incompatíveis. É sempre difícil a adaptação a essas naturezas, assim como também é difícil que tais naturezas se adaptem a outras mais simples. Essas pessoas, com dotes até certo ponto dissociados, possuem em geral a capacidade de separar por longo tempo os traços irreconciliáveis do caráter e assim se apresentarem como simples na aparência; o fato de possuírem "múltiplas facetas" e um caráter de colorido cambiante lhes confere um encanto todo especial. Ao lidar com naturezas providas de tais labirintos, qualquer outra pode se perder facilmente; encontra-se diante de tal exuberância de vivências possíveis que seu interesse pessoal se acha totalmente ocupado; certamente isso não precisa ocorrer de modo sempre agradável, pois é necessário antes sondar a outra em todos os caminhos secundários e desvios errados. Todavia existe sempre desse modo tantas possibilidades de vivência, que a pessoa mais simples se sente envolvida por elas ou até mesmo presa por elas; essa pessoa como que se dissolve na personalidade mais

ampla, não podendo enxergar nada além dela. Isto constitui uma ocorrência quase geral: uma mulher que intelectualmente está contida no marido, ou um marido que emotivamente vive em sua mulher. Isto poderia ser designado como o *problema do continente e do conteúdo*.

O *conteúdo* se encontra totalmente dentro do matrimônio, no tocante ao essencial. Sem nenhuma divisão, volta-se inteiramente para o outro, enquanto que em relação ao exterior não existe nenhuma obrigação importante, nem interesse que o prenda. O aspecto desagradável desse estado, aliás "ideal", é a dependência inquietante de uma personalidade muito vasta, que por isso mesmo não pode merecer todo o crédito ou confiança. A vantagem é que ele mesmo não está dividido – fator que não deve ser subestimado na economia psíquica! [332]

O *continente* precisaria de modo especial, por causa de seus dotes até certo ponto dissociados, conciliar-se consigo mesmo pelo amor indiviso à outra pessoa: mas neste esforço, que lhe é difícil por natureza, vê que a pessoa mais simples lhe toma a dianteira. Ao procurar no outro toda a espécie de sutilezas e complicações para servir de complemento ou de oposto às suas próprias facetas, acaba perturbando a simplicidade do outro. Mas em todas as circunstâncias comuns tem a simplicidade grande vantagem sobre a complexidade; por isso quem é complexo logo desistirá de tentar despertar uma natureza mais simples para reações sutis e problemáticas. Também o outro, que de acordo com sua natureza simples procura no parceiro respostas simples, logo lhe imporá muito trabalho, e justamente por esperar dele respostas simples, acaba "constelando" (conforme o termo técnico) suas complexidades. O complexo, quer queira quer não, deverá retrair-se diante da força convincente do simples. O que é intelectual (o processo consciente em geral) significa um tal [333] esforço para a pessoa, que ela, em qualquer circunstância, preferirá o que é simples, até mesmo quando isso nem for verdadeiro. E se for ao menos verdadeiro em parte, então a pessoa será como que uma presa disso. A natureza simples atua sobre o complexo como um quarto pequeno demais, que não lhe oferece espaço suficiente. A natureza complexa, entretanto, oferece ao simples espaço demais, de modo que ele nunca sabe direito onde lhe compete ficar. Assim ocorre naturalmente que o complexo contém o simples. O complexo não pode caber no outro, mas o contém, ao passo que ele mesmo não é conteúdo. Mas como ele talvez sinta maior necessidade de ser conteúdo do que o outro, sente-se situado fora do matrimônio e desempenha sempre o papel problemático. Quanto mais firmemente se apegar o conteúdo, tanto mais se sentirá o continente impelido para fora. Por apegar-se, consegue o conteúdo penetrar ainda mais e quanto mais penetrar, tanto menos permitirá ao outro que faça o mesmo. O continente sempre procura espiar para fora da janela, no início talvez inconscientemente. Ao atingir o meio da vida, desperta nele um desejo mais intenso de tornar-se uno e indiviso, pois disso necessita especialmente por sua natureza dissociada; então geralmente acontecem coisas que o tornam consciente do conflito. Torna-se consciente de que procura aquilo que sempre lhe faltou, isto é, ser complementado, ser abrangido, ser indiviso. Para o envolvido tal acontecimento vem confirmar primeiramente a incerteza dolorosa que sempre sentiu; percebe que nos aposentos que aparentemente sempre lhe pertenceram se encontram ainda outras pessoas, hóspedes que ele não deseja. Desaparece para ele a certeza da segurança desejada, e essa decepção o força a retrair-se para dentro de si mesmo, se não conseguir, por meio de esforços desesperados e violentos, fazer com que o outro lhe caia arrependido e de joelho aos pés, declarando de modo convincente que toda essa procura de unidade não passa de fantasia pueril ou doentia. Se falhar essa tentativa violenta, então a desistência devidamente aceita lhe fará um grande bem; compreenderá então que aquela segurança que sempre procurava no outro terá que ser achada em si mesmo. Assim se encontra a si mesmo e descobre que em sua natureza simples havia todas as complicações que o outro procurava em vão nele.

Se o continente não entrar em colapso ao ver o que se costuma chamar de casamento errado, mas continuar acreditando que seu anseio de unidade é justificado, então aceitará no momento o fato de *estar sendo dilacerado*. Não se cura a dissociação dividindo-a, mas dilacerando-a. Todas as forças que tendem a unir e tudo o que concorre de modo sadio para querer-se a si mesmo se erguerão contra a dilaceração; isto o tornará consciente de ser possível a união eterna, que ele sempre havia procurado fora. Achará então que é um bem para ele o fato de estar indiviso em si mesmo. [334]

É isto o que costuma acontecer na época em que se atinge o meio da vida; a natureza singular do ser humano força deste modo a passagem da primeira metade da vida para a segunda. O estado em que o homem era apenas um instrumento de sua natureza impulsiva se transforma em um estado diverso, no qual o homem já não é instrumento, mas passa a ser ele mesmo – a natureza se torna cultura, e o impulso, espírito. [335]

Deve-se ter cuidado de não interromper esse desenvolvimento necessário por meio de violências morais, pois criar uma atitude espiritual por meio da divisão e supressão dos impulsos será uma *falsificação*. Nada inspira mais nojo do que uma espiritualidade secretamente sexualizada; ela é tão [336] impura como a sensualidade superestimada. O caminho da transição é longo, e a maioria das pessoas fica retida a meio caminho. Se fosse possível deixar no inconsciente todo esse desenvolvimento psíquico que ocorre no matrimônio e por meio dele tal como costuma acontecer entre os povos primitivos, então toda essa transformação se realizaria sem muito atrito e de modo mais completo. Entre aqueles que denominamos primitivos encontramos personalidades espirituais que só podem nos inspirar respeito, por serem frutos completamente amadurecidos de um desígnio que não foi perturbado. Estou falando por experiência própria. Onde podemos encontrar, entre os europeus de hoje, aquelas figuras que não foram deformadas por nenhuma espécie de violência moral? Somos ainda muito bárbaros para podermos acreditar na ascese e no que lhe é oposto. A roda da história não pode ser movida para trás. Tudo o que podemos fazer é avançar e procurar alcançar aquela atitude que nos permite viver de acordo com o desígnio não perturbado do homem primitivo. Apenas deste modo seremos capazes de não perverter as coisas, mudando o espírito em sensualidade e a sensualidade em espírito, pois ambos precisam viver, e cada um tira do outro a vida que tem.

[337] O que o relacionamento psíquico no matrimônio encerra de essencial é essa transformação que apresentei de modo conciso. Poderia dizer ainda muita coisa sobre as ilusões que estão a serviço dos fins visados pela natureza e provocam aquelas transformações típicas do meio da vida. A harmonia do casamento, que é própria da primeira metade da vida (se é que de fato se realizou tal adaptação) se fundamenta sobretudo em projeções de certas imagens típicas (como se evidencia na fase crítica).

[338] *Cada homem sempre carregou dentro de si a imagem da mulher;* não é a imagem *desta* determinada mulher, mas a

imagem de *uma* determinada mulher. Essa imagem, examinada a fundo, é uma massa hereditária inconsciente, gravada no sistema vital e proveniente de eras remotíssimas; é um "tipo" ("arquétipo") de todas as experiências que a série dos antepassados teve com o ser feminino, é um precipitado que se formou de todas as impressões causadas pela mulher, é um sistema de adaptação transmitido por hereditariedade. Se já não existissem mulheres, seria possível, a qualquer tempo, indicar como uma mulher deveria ser dotada do ponto de vista psíquico, tomando como ponto de partida essa imagem inconsciente. O mesmo vale também para a mulher, pois também ela carrega igualmente dentro de si uma imagem inata do homem. A experiência, porém, nos ensina a sermos mais exatos: é uma imagem *de homens,* enquanto que no homem se trata de uma imagem *da mulher.* Visto esta imagem ser inconsciente, será sempre projetada, inconscientemente, na pessoa amada; ela constitui uma das razões importantes para a atração passional ou para a repulsa. A essa imagem denominei *anima*. Por isso acho muito interessante a questão escolástica: *Habet mulier animam?* (A mulher tem alma?) Na minha opinião essa pergunta é até inteligente, por ser justificada a dúvida. A mulher não tem a *anima,* mas *animus*[26]. A *anima* é de índole erótica e emocional, enquanto que o *animus* é de caráter raciocinador. Por basear-se na projeção da própria *anima*, costuma ser errado a maior parte do que os homens dizem a respeito da erótica feminina, como também sobre a vida emotiva da mulher. As suposições e fantasias espantosas que as mulheres fazem

---

26. *Jung aproveitou o par de palavras quase sinônimas existente em latim – anima* e *animus* – *para designar esses arquétipos; anima é do gênero feminino* e *animus é do gênero masculino, o que se enquadra em sua teoria. Na passagem para o português, de anima proveio* alma, *e de animus surgiu* ânimo, *com sentidos diferenciados* [N.T.].

a respeito dos homens se fundamentam na atividade do *animus*, que é de capacidade inesgotável para produzir julgamentos sem lógica e causas falsas.

[339]   Tanto a *anima* como o *animus* se caracterizam por uma versatilidade enorme. No matrimônio é sempre o conteúdo que projeta tal imagem no continente, enquanto este último é capaz de projetar apenas em parte essa imagem no outro cônjuge. Quanto mais simples e unívoco for o conteúdo, tanto menos conseguirá o outro efetuar sua projeção. Neste caso é como se uma imagem extremamente fascinante estivesse pendurada em um aposento vazio à espera de que um ser humano o ocupasse. Existem certamente tipos de mulheres que parecem feitas para receberem as projeções da *anima*. Quase se poderia falar de um tipo determinado. É indispensável o tal caráter de "esfinge", que é ambíguo e até permite muitas interpretações. Não se trata de uma indeterminação vaga, dentro da qual nada se possa colocar, mas de uma indeterminação promissora, com o silêncio eloquente de uma Mona Lisa – não importa se é velha ou jovem, se é mãe ou filha, se é de castidade duvidosa ou infantil, ou de prudência ingênua capaz de desarmar qualquer homem[27]. Não é todo homem verdadeiro espírito que pode ser *animus*, pois ele precisa menos de boas ideias e muito mais de boas palavras: palavras bem significativas nas quais caiba ainda a interpretação de muita coisa que não possa ser dita claramente. É preciso que seja um tanto incompreendido ou que pelo menos esteja de certo modo em oposição ao ambiente, para que se torne ainda admissível algo como um oferecer-se em sacrifício. Deve ser um herói ambíguo,

---

27. Encontram-se excelentes descrições desse tipo em HAGGARD, R. *She: A History of Adventure*. Londres: [s.e.], 1887. • BENOIT, P. *L'Atlantide*. Paris: [s.e.], 1919.

alguém dotado de várias possibilidades; mas com tudo isso nunca se pode ter a certeza se alguma projeção do *animus* não acabou muitas vezes descobrindo um verdadeiro herói muito antes do que a lenta razão do homem médio geralmente considerato inteligente[28].

Tanto para o homem como para a mulher, se são os continentes, a realização de tal imagem é sempre um acontecimento cheio de consequências, pois há sempre a possibilidade de que a sua própria complicação encontre resposta em uma multiplicidade de formas. Parece que aí se abrem aqueles amplos recintos nos quais alguém pode sentir-se rodeado e conteúdo. Digo expressamente "parece", pois a possibilidade é ambígua. Assim como a projeção do *animus*, por parte da mulher, é capaz de sentir pelo faro um homem importante, desconhecido por parte da grande massa, e até mesmo ajudá-lo a atingir seu desígnio mediante o apoio moral, do mesmo modo o homem, pela projeção da *anima*, também pode despertar para si mesmo uma "mulher inspiradora". Mas muitas vezes talvez trata-se apenas de uma ilusão de efeito destruidor. Houve falta de êxito porque a fé não era suficientemente forte. Aos pessimistas devo dizer que estas imagens arquetípicas encerram valores positivos extraordinários; entretanto, aos otimistas devo indicar cautela para não se iludirem com fantasias ofuscantes e com os desvios mais absurdos, que também são possíveis.

Esta projeção, porém, não deve ser entendida como um relacionamento individual e consciente. Em primeiro lugar, não é nada disso. Cria uma dependência forçada, que se ba-

---

28. Descrição razoavelmente boa do *animus* em HAY, A.B.M. *The Evil Vineyard*. Londres/Nova York: [s.e.], 1923. • WYLIE, E.H. *Jennifer Lorn*: A Sedate Extravaganza. Londres: [s.e.], 1924. • LAGERLÖF, S. *Gösta Berling*: Eine Sammlung Erzählungen aus dem alten Wermland. Leipzig: [s.e.], 1903.

seia em motivos inconscientes, mas que não são biológicos. O livro *"She"*, de Rider Haggard, mostra mais ou menos como é o mundo curioso da imaginação que constitui a projeção da *anima*. Trata-se principalmente de conteúdos espirituais, muitas vezes em disfarce erótico, restos evidentes da mentalidade mitológica primitiva, que é formada de arquétipos e em seu conjunto constitui o que se denomina *inconsciente coletivo*. De acordo com isso, tal relacionamento é propriamente coletivo e não individual. (Benoit, que em sua *"L'Atlantide"* criou uma figura de fantasia que coincide com a de *"She"* até nos pormenores, se defende de haver plagiado Rider Haggard.)

[342] Se tal projeção ocorrer em um dos cônjuges, então um relacionamento coletivo espiritual substitui o relacionamento coletivo biológico existente até então; o efeito resultante será aquela dilaceração do continente descrita acima. Se este conseguir manter-se sem sucumbir, justamente através desse conflito acabará por encontrar-se a si mesmo. Neste caso a projeção, que é perigosa por si mesma, prestou-lhe ajuda para passar de um relacionamento coletivo para um relacionamento pessoal. Isto equivale à consciência completa do relacionamento no matrimônio. Como o escopo deste meu trabalho era dissertar sobre a psicologia do matrimônio, fica excluída a psicologia do relacionamento projetivo. Contento-me em ter indicado aqui o fato existente.

[343] É quase impossível tratar do relacionamento psíquico no matrimônio sem ao menos mencionar a natureza das transições críticas, mesmo que exista o perigo de mal-entendidos. É sabido que ninguém compreende alguma coisa do ponto de vista psicológico, se não a tiver experimentado em si mesmo. Esta verdade não impede a ninguém de conservar a convicção de que seu julgamento é o único verdadeiro e legítimo. Este fato estranho provém da superestima ne-

cessária do conteúdo atual da consciência. (Sem tal acúmulo de atenção ele nem poderia ser consciente.) Daí resulta que cada idade tem sua verdade psicológica própria, uma verdade que lhe serve de programa, como acontece em cada etapa do desenvolvimento psíquico. Há mesmo etapas que pouquíssimos conseguem atingir – depende de raça, família, educação, talento e paixão. A natureza é aristocrática. O homem normal é apenas uma ficção, ainda que existam certas regularidades válidas para quase todos. A vida psíquica é um desenvolvimento que pode estacionar nas etapas iniciais. É como se cada indivíduo tivesse um peso específico próprio, e de acordo com ele subisse ou descesse, até encontrar o ponto de equilíbrio onde encontrasse seu limite. Também os conhecimentos e as convicções do indivíduo correspondem a esse estado. Não é, pois, de admirar que a grande maioria dos casamentos atinja seu limite psicológico superior ao realizar a finalidade biológica, sem que daí se origine qualquer dano para a saúde mental e moral. Relativamente poucos entram em um estado mais profundo de desunião consigo mesmos. Onde houver muita necessidade externa, esse conflito interior não atingirá nenhuma tensão dramática por falta da energia requerida. Na proporção em que cresce a segurança social, aumenta igualmente a insegurança psíquica. Acontece isso primeiro de modo inconsciente, e produz neuroses; depois se torna consciente e ocasiona separações, brigas, divórcios ou qualquer outro "erro matrimonial". Em etapa mais elevada ainda, chega-se ao conhecimento de novas possibilidades de desenvolvimento psíquico; entra-se então na esfera religiosa, onde termina o julgamento crítico.

Em todas essas etapas pode ocorrer estacionamento permanente, com inconsciência total do que aconteceria na etapa seguinte. Normalmente o acesso à etapa seguinte se

[344]

acha até barrado por preconceitos muito fortes e por temores supersticiosos; isto cumpre certamente uma finalidade importantíssima, pois toda pessoa que por acaso fosse tentada a viver em uma etapa superior à sua própria se tornaria um tolo prejudicial.

[345] A natureza não é apenas aristocrática, mas também esotérica. Nenhuma pessoa inteligente será por isso levada a ocultar segredos, pois sabe perfeitamente que o segredo do desenvolvimento psíquico jamais pode ser traído, simplesmente porque o desenvolvimento depende da capacidade de cada um.

A mulher na Europa[29]

Escrever sobre a mulher na Europa de hoje é uma tarefa árdua a que não me aventuraria se a insistência não fosse tão premente. Será que temos algo de fundamental importância a dizer sobre a Europa? Estaria alguém à altura de fazê-lo? Não estamos todos envolvidos em algum programa ou experiência, ou numa consideração crítica retrospectiva? E, quanto à mulher, não poderíamos perguntar a mesma coisa? Além disso, o que pode um homem dizer sobre a mulher, seu próprio contrário? Será que posso pensar em algo realmente autêntico, sem qualquer interferência da programática sexual, sem ressentimento, sem ilusão, que não seja pura teoria? Não sei quem poderia julgar-se capaz de tal superioridade, pois a mulher sempre se acha justamente na sombra do homem, e ele pode facilmente confundi-la com essa sombra. E quando tenta reparar esse equívoco, acaba supervalorizando a mulher e achando que ela é a coisa mais desejável do mundo. Sendo assim, é com a maior hesitação que começo a tratar deste tema. [236]

Mas uma coisa está fora de dúvida: a mulher de hoje está passando pela mesma transição que o homem. Se esta transição é uma virada da história ou não, é impossível sabê-lo. Às vezes – principalmente ao fazermos uma retrospectiva histórica – parece que nosso tempo tem alguma semelhança [237]

---

29. Excertos retirados de C.G. Jung. *Civilização em transição* [OC, 10/3] – 4. ed. Petrópolis: Vozes, 2011 § 236-275, tradução de Lúcia Mathilde Endlich Orth.

com certos períodos do passado, quando grandes impérios e civilizações, que haviam alcançado seu apogeu, caminharam irresistivelmente para sua decadência. Mas essas analogias podem enganar, porque sempre há renascenças. Um fato, porém, torna-se cada vez mais claro: a situação intermediária que a Europa está tomando entre o Leste Asiático e o Oeste Anglo-saxão – ou poderíamos dizer americano? A Europa se situa entre dois colossos, ainda inacabados em sua forma, mas implacavelmente opostos um ao outro por sua natureza. Profundamente diferentes, não só do ponto de vista racial, mas também em seus ideais: no Oeste, um enorme impulso das tendências tecnológicas e científicas da Europa; no Leste, um despertar de todas aquelas forças que, na Europa, foram colocadas em xeque pelo impulso progressista. O poder do Oeste é um poder material; o do Leste, ideal[30]. A luta entre esses opostos, que se trava entre os homens da Europa no domínio das aplicações científicas do pensamento e se expressa no campo de batalha e nos balanços de seus bancos, manifesta-se na mulher sob a forma de *conflito psicológico*.

[238] O que torna tão difícil tratar do problema da mulher na Europa de hoje é o fato de termos que escrever, necessariamente, sobre uma minoria. Propriamente falando, não existe mulher europeia moderna. Será que a mulher do campo é hoje diferente daquela de cem anos atrás? Existe com efeito uma ampla camada da população que vive no presente e participa dos problemas atuais, apenas de maneira bem restrita. "A luta dos espíritos" – quantos se entregam a ela? E com quantos espectadores compreensivos e simpatizantes

---

30. Nos trinta anos desde a primeira publicação deste ensaio, a importância do "Oriente" se modificou e assumiu em grande parte a forma do "império russo". Este já se estende até a metade da Alemanha, mas em nada perdeu de seu caráter asiático (Nota do autor para a 4ª edição de 1959).

pode ela contar? "O problema da mulher" – quantas mulheres têm mesmo problemas? Proporcionalmente à soma total de mulheres europeias, só uma imperceptível minoria vive na Europa *de hoje*; e trata-se de mulheres que vivem nas cidades e que pertencem – com as devidas precauções – às pessoas mais complicadas. Isso é inevitável, pois sempre foi uma pequena minoria que conseguiu expressar claramente o espírito de uma época. Nos séculos IV e V de nossa era, só bem poucos cristãos no meio da maioria foram capazes de compreender o espírito do cristianismo. O resto era praticamente pagão. O processo cultural característico de uma época se desdobra mais intensamente nas cidades, pois necessita do concurso de muitas pessoas para tornar possível a cultura, e é desse agrupamento que as conquistas culturais se difundem gradativamente aos grupos menores, historicamente mais atrasados. O presente se encontra portanto só nos grandes centros, e só lá podemos encontrar "a mulher europeia", a mulher que exprime o ponto de vista social e espiritual da Europa contemporânea. Quanto mais nos afastarmos da influência dos grandes centros, mais recuaremos na história. Num longínquo vale dos Alpes podemos encontrar pessoas que jamais viram uma estrada de ferro; e na Espanha, que também faz parte da Europa, mergulhamos numa Idade Média sombria, onde reina o analfabetismo. O povo dessas regiões, ou de camadas sociais correspondentes, não vive em nossa moderna Europa, mas na Europa de 1400, e os problemas que preocupam essas pessoas correspondem à época recuada em que vivem. Analisei algumas dessas pessoas e encontrei-me numa atmosfera que nada fica a dever ao clima dos romances históricos.

O que chamamos presente não passa de uma fina camada superficial que se cria nos grandes centros da humanidade. É muito fina, como na antiga Rússia, e assim

[239]

é irrelevante (como os acontecimentos mostraram). Mas quando atinge uma certa espessura e força, já podemos falar de cultura e progresso, surgindo então problemas característicos de uma época. É neste sentido que a Europa tem um presente, e há mulheres que vivem nele e estão sujeitas aos seus problemas. E só destas mulheres podemos dizer alguma coisa. Aquelas que se sentem satisfeitas com os caminhos e possibilidades que a Idade Média lhes oferece não têm qualquer necessidade do presente e de suas experiências. Mas o homem que é do presente – seja qual for a razão – já não pode retornar ao passado, sem sofrer uma irreparável perda. Não raro esse retorno se torna impossível, mesmo que se esteja disposto a sacrifícios. O homem do presente deve trabalhar pelo futuro e deixar a outros a tarefa de conservar o passado. Por isso, além de construtor, é também um destruidor. Ele e seu mundo se tornaram ambíguos e questionáveis. Os caminhos que o passado lhe indica e as respostas que dá a seus problemas são insuficientes às suas necessidades presentes. Os confortáveis caminhos do passado já foram obstruídos e novas trilhas foram abertas, com novos perigos, totalmente desconhecidos do passado. Segundo o provérbio, nada se aprende da história; também quanto aos problemas do tempo atual, via de regra nada dirá. O novo caminho deve ser traçado em terreno virgem, sem qualquer pressuposto e, infelizmente, muitas vezes sem dó nem piedade. A única coisa que não pode ser melhorada é a moral, porque qualquer alteração da moral tradicional seria, por definição, uma imoralidade. A importância desta oportuna advertência provém do fato de ela expressar uma realidade sentimental tão inegável que já fez tropeçar mais de um inovador.

[240]   O conjunto dos problemas do presente forma um novelo do qual é impossível retirar um problema particular para

tratá-lo isoladamente dos outros. Portanto, não há "mulher na Europa" sem o homem e seu mundo. Se ela for casada, geralmente dependerá economicamente do marido; se for solteira e autossuficiente, dona de sua vida, exercerá uma profissão previamente designada pelo homem. E, se não estiver disposta a sacrificar toda a sua vida erótica, ei-la de novo às voltas com uma relação essencial com o homem. De várias maneiras a mulher está indissoluvelmente unida ao mundo do homem e, consequentemente, tão exposta quanto o homem a tudo que pode abalar o mundo. A guerra, por exemplo, afetou tanto a mulher quanto o homem, e ela teve que adaptar-se às suas transformações como ele. Salta à vista o que significaram as transformações dos últimos vinte ou trinta anos para o mundo masculino. Os jornais falam disso todos os dias. Mas, o que significaram para a mulher, não é coisa tão evidente e propalada. De fato, nem do ponto de vista político, nem econômico ou espiritual, a mulher é um fator de importância visível. Se fosse, teria mais lugar no campo visual do homem e poderia considerar-se sua rival. Às vezes ela é vista como tal, mas só como se fosse, por assim dizer, um homem que se tornou acidentalmente mulher. Como, em geral, a mulher está no lado íntimo do homem, isto é, lá onde ele apenas sente e não tem olhos ou não quer ver, a mulher aparece como uma máscara impenetrável, por trás da qual se pode conjeturar tudo que há de possível e impossível – não só conjeturar, mas se acredita ver – sem contudo tocar o essencial. O elementar fato de que a pessoa sempre julga que a psicologia do outro é igual à sua própria torna difícil ou impossível a verdadeira compreensão da psique feminina. Isso se coaduna perfeitamente com a inconsciência e passividade da mulher, do ponto de vista biológico: ela se deixa convencer pela projeção dos sentimentos masculinos. Sem dúvida é esta uma característica humana geral, mas que se torna, na mulher, uma nuança particularmente perigosa, pois ela se deixa convencer, não tanto por ingenuidade, mas quase sempre com uma intenção bem clara. É de sua própria natureza, como um ego que se pretende independente e responsável, permanecer no plano de fundo, para não estorvar o homem, mas até incentivá-lo, se for preciso, a realizar as intenções que tem a respeito dela. Trata-se, evidentemente, de um padrão sexual, mas que se ramifica amplamente na psique feminina. Pela atitude passiva que esconde, no fundo, outras intenções, ela ajuda o homem a realizar seus fins, mas ao mesmo tempo o mantém prisioneiro, e ela mesma cai na armadilha do próprio destino, pois o feitiço se volta contra o feiticeiro.

[241] Reconheço que descrevi com palavras um tanto desagradáveis um processo que poderia ser cantado em belos versos. Mas, como tudo tem duas faces, quando queremos tomar consciência de alguma coisa, temos que ver tanto o lado sombrio quanto o lado iluminado.

[242] Se observarmos que a mulher, já na segunda metade do século XIX, começou a assumir profissões masculinas, a tomar parte ativa na política, a fundar associações e dirigi-las etc., será fácil constatar que está pronta a romper com um padrão de sexualidade essencialmente feminino, de inconsciência e passividade aparentes, e fazer uma concessão à psicologia masculina, para erigir-se em membro visível da sociedade. A partir daí ela não precisa mais dissimular-se atrás da máscara de Sra. Fulana de Tal, para conseguir que o homem satisfaça todos os seus desejos, ou para fazê-lo sentir que as coisas não estão correndo como ela deseja.

[243] Esse passo para a autonomia social foi uma necessária resposta aos fatores econômicos e outros, mas não passa de

um sintoma, não sendo o ponto central da questão. Sem dúvida, é admirável a coragem e abnegação destas mulheres, e seria cegueira não ver os benefícios trazidos por esses esforços. Mas ninguém pode escapar desta realidade: a mulher, ao abraçar uma profissão masculina, ao estudar e trabalhar como o homem, passa a fazer algo que no mínimo não corresponde à sua natureza feminina, podendo mesmo ser prejudicial. Está fazendo algo que dificilmente seria possível a um homem, a menos que fosse um chinês: por exemplo, será que ele seria uma boa babá ou uma professora de escola maternal? E quando falo de prejudicar, não me refiro apenas ao dano fisiológico, mas antes de tudo ao dano psíquico. É característico da mulher ser capaz de fazer tudo por amor a uma pessoa. Mas as mulheres que se entregam a trabalhos importantes por amor a uma coisa são raras exceções, pois isso não se coaduna com sua natureza. O amor pelas coisas é prerrogativa masculina. Mas, como o ser humano reúne em si elementos masculinos e femininos, pode acontecer que um homem viva a parte feminina, e uma mulher a parte masculina. No homem, o elemento feminino fica relegado ao plano de fundo, acontecendo o mesmo com o elemento masculino na mulher. Quando se vive o que é próprio do sexo oposto, vive-se, em suma, no plano de fundo, com prejuízo do primeiro plano que é o essencial. O homem deveria viver como homem e a mulher como mulher. A oposição sexual sempre se situa perigosamente próxima do inconsciente. É típico que as influências do inconsciente sobre o consciente sempre apresentem um caráter de oposição sexual. Por exemplo, a alma (*anima*, *psyche*) é do gênero feminino, porque esse conceito, como todos os conceitos em geral, nasceu do espírito do homem. (A iniciação mística entre os primitivos é uma questão exclusivamente masculina, como o é a função do sacerdote na Igreja Católica.)

[244]   A imediata proximidade do inconsciente exerce uma influência atrativa sobre os processos conscientes. Isso explica o medo instintivo, o horror que se tem do inconsciente. É uma reação de defesa do consciente, perfeitamente cabível. A oposição sexual possui um charme misterioso, um misto de medo e nojo que a torna tão atraente e fascinante, mesmo quando não se apresenta a nós diretamente do exterior, sob os traços de uma mulher, mas vem de dentro, como influência psíquica, sob a forma de uma tentação a abandonar-se a um humor ou uma paixão. Este exemplo não é característico da mulher, pois seus humores e suas emoções não vêm diretamente do inconsciente, mas são peculiares à sua natureza feminina, por isso não são simples, mas estão misturados com intenções inconfessáveis. Na mulher, o que provém do inconsciente é uma espécie de opinião que modifica seu humor só secundariamente. Essas opiniões pretendem ser verdades absolutas e quanto menos sujeitas estiverem a uma crítica consciente, tanto mais duradouras e sólidas se mostrarão. De certa forma são camufladas, como os humores e sentimentos do homem, e às vezes são completamente inconscientes, sendo muito difícil reconhecer seu caráter particular. Na verdade elas são coletivas e contrárias ao sexo – como se fosse um homem, por exemplo o pai, que as tivesse pensado.

[245]   Portanto, pode acontecer – e é a regra geral – que a mente de uma mulher que exerce uma função masculina seja influenciada pela masculinidade inconsciente, sem que ela o perceba, embora todos à sua volta o percebam claramente. Resulta daí uma espécie de rigidez intelectual, baseada nos assim chamados princípios, e uma série de argumentos especiais que chegam a irritar, porque estão sempre

um pouco à margem do problema e introduzem nele uma coisinha de nada só para complicar as coisas. A suposição ou opinião inconscientes são o pior inimigo da mulher, às vezes uma verdadeira paixão demoníaca que exaspera os homens e os desagrada, e causa às próprias mulheres o maior dano, ao sufocar, pouco a pouco, o charme e o sentido de sua feminilidade, passando-os para trás dos bastidores. Uma situação dessas acaba naturalmente numa profunda desarmonia psíquica, em outras palavras, numa neurose.

É claro que as coisas não precisam chegar a este extremo. [246] Mas já há bastante tempo que a masculinização psíquica da mulher vem trazendo consequências indesejáveis. Ela pode talvez ser uma boa companheira para o homem, mas sem encontrar o acesso aos sentimentos dele. A razão é que o animus dela (isto é, seu racionalismo masculino, e que nada tem a ver com verdadeira racionalidade!) fechou o acesso aos seus próprios sentimentos. Pode ficar frígida, como defesa contra um tipo sexual masculino que corresponde ao seu tipo intelectual masculino. Mas se a reação de defesa falhar, pode aparecer, no lugar da sexualidade disponível da mulher, uma forma de sexualidade agressiva e exigente, própria do homem. Também esta reação é um modo "prático" de lançar, a todo custo, uma ponte para forçar de volta o homem que vai se afastando paulatinamente. Uma terceira possibilidade, que parece a favorita dos países anglo-saxões, é a opção pela homossexualidade, passando a mulher a viver o papel masculino.

Entretanto, quando a atração do animus se torna sensí- [247] vel, a mulher sente uma necessidade toda especial de manter relações íntimas com o outro sexo. Muitas mulheres, nesta situação, estão plenamente conscientes desta necessidade e levantam – *faute de mieux* – um outro problema atual, não menos difícil, *o problema do casamento.*

[248] A tradição vê o homem como o destruidor da paz conjugal. Essa lenda já vem de longe, de épocas bem remotas, em que os homens ainda tinham tempo para dedicar-se a todo tipo de divertimentos. Mas hoje a vida exige tanto do homem que o nobre fidalgo Don Juan, no máximo, ainda pode ser visto no teatro. Mais do que nunca, o homem ama seu conforto, pois vivemos numa época de neurastenia, impotência e de *easy chairs*. Não restam mais energias para escalar muralhas ou para duelos. Para entregar-se ao adultério, a aventura terá que ser bem fácil. Deve exigir o mínimo esforço possível e ser passageira. O homem de hoje tem muito medo de pôr em risco a instituição do matrimônio. Neste ponto, ele aceita em geral a máxima *quieta non movere* e por isso preserva a prostituição. Eu apostaria que na Idade Média, com seus famosos banhos e irrestrita prostituição, o adultério era relativamente mais frequente que hoje. Neste sentido, a segurança do casamento seria maior do que nunca. Mas, na realidade, está começando a ser discutida. É mau sinal quando os médicos começam a escrever livros cheios de conselhos para se chegar ao "perfeito casamento". As pessoas que gozam de saúde não precisam de médicos. Mas o casamento de hoje se tornou um tanto precário. (Na América, cerca de 1/4 das uniões acaba em divórcio!) O que mais surpreende nesta questão é que em nosso tempo o bode expiatório não é mais o marido e sim a mulher. É dela que surge a dúvida e a insegurança. Não é de estranhar que seja assim, pois há, na Europa do pós-guerra, um número tão alarmante de mulheres não casadas que seria inconcebível não haver qualquer reação da parte delas. Tal acúmulo de misérias só pode trazer consequências inevitáveis. Mas não se trata só de umas poucas dúzias de solteironas voluntárias ou involuntárias, esparsas aqui e ali, mas de milhões de mulheres. Nossa legislação e nossa moral social não apre-

sentam qualquer resposta ao problema dessas mulheres. Ou será que a Igreja teria uma resposta satisfatória? Construir gigantescos claustros para acomodar todas elas seria uma solução? Ou disseminar ainda mais a prostituição tolerada pela polícia? Isto é impossível, pois não estamos tratando de santas, nem de prostitutas, mas de mulheres normais que não podem dar queixa à polícia de suas exigências psíquicas. São mulheres honestas que querem casar-se ou, se isto for impossível, gostariam, pelo menos, de algo semelhante. Quando se trata do amor, as leis, instituições e ideais quase nada significam para a mulher. Se o caminho certo é impraticável, o jeito é seguir um desvio.

No começo de nossa era, três quintos da população italiana consistiam de escravos, isto é, de objetos humanos sem direitos e comerciáveis. Cada romano estava cercado de escravos. O escravo e sua psicologia inundavam a velha Itália, e cada romano se tornava, interiormente, sem o saber, um escravo. Vivia constantemente numa atmosfera de escravos e acabou sendo influenciado inconscientemente pela psicologia deles. Ninguém pode escapar dessa influência. O europeu, seja qual for seu nível intelectual, não pode "impunemente" viver na África, entre os negros. Insensivelmente a psicologia deles peneirará nele e acabará tornando-se inconscientemente negro, sem poder resistir. A expressão técnica *going black*, tão conhecida na África, exprime esse fenômeno. Não é por simples esnobismo que os ingleses consideram aquele que nasce nas colônias, mesmo sendo do mais puro sangue, como "slightly inferior". Há muita verdade nisto. [249]

A estranha melancolia e o anseio de redenção da Roma imperial, cujo eco mais legítimo podemos encontrar na IV Écloga de Virgílio, é uma consequência direta da influência dos escravos. A explosiva difusão do cristianismo, uma [250] religião que surgiu, por assim dizer, da cloaca de Roma – Nietzsche chamou isto de insurreição dos escravos na moral – foi uma reação fundamental que colocava a alma do mais vil escravo no mesmo nível da alma do divino César. Processos psicológicos de compensação semelhantes a este, mas talvez menos importantes, certamente se repetiram no decorrer da história universal. Quando se cria uma monstruosidade psíquica ou social qualquer, prepara-se ao mesmo tempo, desafiando qualquer legislação ou qualquer expectativa, uma compensação.

[251] Algo análogo está acontecendo com a mulher na Europa de hoje. Muita coisa inadmissível, sem vida, se acumulou e passa a agir. A secretária, a estenógrafa, a estilista, todas agem, e através de milhões de canais subterrâneos se estende a influência que mina o casamento. Pois o desejo de todas essas mulheres não é entregar-se a aventuras sexuais – só um estúpido poderia acreditar nisso –, mas casar-se. As "beatae possidentes", as mulheres casadas, devem ser rejeitadas, geralmente sem barulho e sem violência, mas pelo desejo silencioso e obstinado que age, como se sabe muito bem, através de uma magia análoga à do olhar fascinante da serpente. Sempre foi este o caminho das mulheres.

[252] Diante de tudo isso, qual a atitude da mulher casada de hoje? Ela ainda está presa à antiga ideia de que o homem é o bode expiatório, que o amor pode ser manobrado à vontade etc. À base dessas concepções antiquadas, pode intensificar os ciúmes. Mas tudo é apenas superfície. Há coisas mais profundas em ação. Nem o orgulho dos patrícios romanos, nem os grossos muros dos palácios dos Césares conseguiram impedir a infestação dos escravos. Da mesma forma, não há mulher que consiga subtrair-se à ação misteriosa e dominadora dessa atmosfera na qual talvez sua própria irmã a esteja envolvendo, a atmosfera deprimente da vida

não vivida. A vida não vivida é uma atmosfera irresistível de destruição que age em silêncio, mas inexoravelmente. O resultado é que a mulher casada começa a duvidar do casamento. A celibatária acredita nele porque quer casar-se. Também o homem acredita no casamento, pois seu amor à vida confortável o recomenda, e sua estranha crença sentimental nas instituições faz com que estas se tornem objetos de sua afeição.

Como as mulheres têm que ser concretas nas questões sentimentais, há um certo detalhe que não pode escapar de nossa atenção: a possibilidade das medidas anticoncepcionais. Os filhos são uma das razões principais da atitude responsável perante o casamento. Se desaparecer esta razão, podem surgir fatos "que ainda não aconteceram". Isto afeta em primeiro lugar a mulher não casada, para a qual surge a possibilidade de um casamento "aproximativo". Mas vale também para as casadas que, como mostrei em meu ensaio *Die Ehe als psychologische Beziehung*[31], são as "continentes", isto é, têm exigências como pessoas individuais e que o marido não pode ou é incapaz de satisfazer plenamente. Enfim, a contracepção é um fato da maior importância para todas as mulheres em geral, porque afasta a constante expectativa de uma gravidez indesejada, e a preocupação de uma família numerosa. Esta libertação das leis da natureza desencadeia importantes energias psíquicas que procuram inevitavelmente uma aplicação. Sempre que uma porção desta energia não encontra um objetivo conveniente, provoca um distúrbio do equilíbrio psíquico. A energia que não possui uma finalidade consciente reforça o inconsciente, dando origem à incerteza e à dúvida.

[253]

---

31. Em *Seelenprobleme der Gegenwart*. Op. cit.

[254]   Outro fator de grande importância é a discussão mais ou menos aberta da questão sexual. Este aspecto, outrora bastante nebuloso, tornou-se agora objeto dos interesses científicos e outros mais. Hoje pode-se dizer e ouvir, em sociedade, coisas que antigamente eram impossíveis. São muitos os que aprenderam a pensar com mais liberdade e mais franqueza, e que conseguiram captar a importância desta questão. Mas a discussão do problema sexual ainda está dando os primeiros passos, como prelúdio de uma questão mais profunda, diante da qual sua importância empalidece: a *questão das relações psíquicas entre os dois sexos*. E aqui entramos de verdade no domínio da mulher.

[255]   A psicologia da mulher se baseia no princípio do Eros, que une e separa, ao passo que o homem, desde sempre, encontra no Logos seu princípio supremo. O conceito do Eros, em linguagem moderna, poderia ser expresso como relação psíquica, e o do Logos como interesse objetivo. Aos olhos do homem comum, o amor propriamente dito se confunde com a instituição do matrimônio, e fora dele só existe adultério, ou pura amizade. Para a mulher, o casamento não é simplesmente uma instituição, mas uma relação humana erótica. Pelo menos é o que ela gostaria que fosse. (Como seu Eros não é tão simples, mas está mesclado com outros motivos inconfessáveis, como por exemplo casar-se para chegar a uma posição social de destaque, o princípio não pode ser aplicado em sentido absoluto.) O casamento significa para ela uma relação exclusiva. Ela consegue aguentar facilmente essa exclusividade, sem morrer de tédio, se tiver filhos ou parentes próximos com os quais possa manter relações tão estreitas como com seu marido. Pouco importa que essas relações não sejam sexuais, pois a relação sexual não é tão importante para ela quanto as relações psíquicas. Basta que ela e seu marido acreditem que a relação deles

é única e exclusiva. Se acontecer que ele é o "continente", sentir-se-á sufocado por essa exclusividade, principalmente quando não perceber que a exclusividade de sua mulher não passa de piedosa fraude. Na realidade, reparte suas atenções entre os filhos e, conforme o caso, entre os outros membros da família, havendo pois muitas relações íntimas. Se o marido também tivesse tantas relações com outras pessoas, ficaria louca de ciúmes. Mas a maioria dos homens são cegos do ponto de vista erótico. Cometem o imperdoável erro de confundir o Eros com a sexualidade. O homem acha que possui a mulher porque a possui sexualmente. Ora, é justamente na posse sexual que ele menos a possui, porque para a mulher o que importa é o Eros. O casamento, para ela, é uma relação à qual apenas se acrescenta a sexualidade. Como o sexo é uma coisa formidável, devido às suas consequências, é bom salvaguardá-lo e mantê-lo em lugar seguro. Quanto menos perigo oferecer, menos relevante se tornará, passando então para o primeiro plano a questão da relação.

É justamente aqui que a mulher encontrará as maiores dificuldades com seu marido, porque a questão do relacionamento entra num domínio obscuro e penoso para ele. Só enfrenta a questão quando é a mulher que carrega o fardo do sofrimento, isto é, quando ele é o "conteúdo"; em outras palavras, quando ela se imagina tendo relações com outro homem e consequentemente sofre uma desunião interna. Neste caso, é ela que está às voltas com o difícil problema, e ele não precisa encarar o seu, o que lhe causa grande alívio. Nesta situação, ele leva desmerecida vantagem, como o ladrão que foi precedido por outro ladrão a quem a polícia capturou. De repente ele se transforma num espectador honesto e imparcial. Em qualquer outra situação, um homem sempre acha penosa e desagradável a discussão da relação pessoal, exatamente como sua esposa acharia, se fosse exa-

[256]

minada por seu marido sobre a *Crítica da razão pura*. Para o homem, o Eros é uma região de sombras que o enreda no inconsciente feminino, no "psíquico", enquanto o Logos é para a mulher uma sutilidade enfadonha e mortal, quando não categoricamente temida e abominada por ela.

[257] Quando a mulher começou a fazer concessão à masculinidade, em fins do século XIX, estabelecendo-se como fator independente no mundo social, o homem, por sua vez, também fez uma concessão à feminilidade, com certa hesitação, é claro, criando uma nova psicologia dos fenômenos dos complexos inaugurada pela psicologia sexual de Freud. O que esta psicologia fica devendo à influência direta das mulheres – a práxis psicoterapêutica está inundada de mulheres – daria para encher um livro. Não falo aqui apenas da psicologia analítica, mas dos começos da psicopatologia em geral. Na grande maioria, os casos "clássicos", a começar com a "visionária de Prevorst", foram mulheres que, sem dúvida inconscientemente (?), se esforçaram ao máximo para demonstrar drasticamente sua própria psicologia e, com ela, a psicologia dos complexos fenômenos psíquicos. Mulheres como Frau Hauffe, Helen Smith e Mrs. Beauchamp se asseguraram assim uma espécie de imortalidade, análoga à dos casos de curas milagrosas que tornaram famosos e prósperos os lugares dos milagres.

[258] Grande porcentagem do material empírico da psicologia dos complexos provém das mulheres. Isso não é de estranhar, uma vez que a mulher é muito mais "psicológica" que o homem. Ele em geral se contenta com a "lógica" pura e simples. Tudo que é "psíquico", "inconsciente" etc. lhe repugna, parecendo-lhe vago, impreciso ou doentio. Ele se interessa pelo real, pelos fatos e não por sentimentos e fantasias que podem enganar ou nada têm a ver com os fatos. A mulher prefere saber o que o homem sente a respeito de

uma coisa, ao invés de conhecer a coisa em si. Para ela, são importantes aquelas coisas que o homem julga estorvos ou futilidades. Por isso é naturalmente a mulher que apresenta a psique mais direta e mais rica, e muitas coisas podem ser claramente percebidas nela. No homem essas coisas não passam de processos imprecisos do plano de fundo, cuja própria existência ele não quer admitir. Ao contrário das explicações objetivas e da verificação dos fatos, a relação humana se processa no mundo da psique, um domínio intermediário entre o mundo dos sentidos e o das emoções e o espírito, que contém algo de cada um deles, sem contudo nada perder de seu próprio caráter específico.

É preciso que o homem se aventure neste território, se quiser ir ao encontro da mulher. Assim como as circunstâncias forçaram a mulher a adquirir alguns traços masculinos, para não permanecer atrelada a uma feminilidade arcaica e puramente instintiva, estranha e perdida no mundo dos homens, como uma espécie de "boneca" imaterial, assim também o homem se vê forçado a desenvolver um lado feminino, isto é, colocar-se num ponto de vista da psique e do Eros, se ele não quiser correr em vão, como um rapaz deslumbrado, atrás da mulher, com o risco de ser colocado no bolso por ela. [259]

A esta exclusiva masculinidade e feminilidade basta o tradicional casamento medieval, instituição louvável como quase sempre se comprovou na prática. Mas o homem de hoje acha extremamente difícil voltar a esta instituição, porque esta forma de casamento só pode existir se colocarmos de lado os problemas do tempo presente como se não existissem. Sem dúvida muitos romanos conseguiram fechar os olhos diante do problema da escravidão e diante do cristianismo, passando seus dias numa inconsciência mais ou menos agradável. Podiam fazer isso porque não tinham pre- [260]

sente, mas só passado. Não há tempo presente para todos aqueles que não veem qualquer problema no casamento, e quem poderia dizer que não são felizardos? Mas o homem de hoje encontra muitos problemas no casamento. Pude ouvir um sábio alemão exclamar diante de muitas centenas de ouvintes: "Nossos casamentos são apenas casamentos fictícios!" Admiro a coragem e sinceridade dele. Via de regra, nós nos expressamos indiretamente, com precaução, dando bons conselhos sobre o que se deve fazer para não ferir o ideal. Mas para a mulher moderna – os homens deviam estar atentos a isto – o casamento medieval já não é mais ideal. Ela, porém, dissimula a dúvida e sua revolta. Uma, porque é casada e acha inconveniente que a porta do cofre-forte não fique hermeticamente fechada; a outra, porque não é casada e se acha virtuosa demais para tomar deliberadamente consciência de suas tendências. Entretanto, a parte de masculinidade que adquiriram torna impossível a ambas acreditar no casamento em sua forma tradicional ("Ele será teu senhor!"). Masculinidade significa saber o que se quer e fazer o necessário para atingir o objetivo. Uma vez que se aprendeu esta lição, é óbvio que nunca mais se poderá esquecê-la, sem grande prejuízo psíquico. A independência e a crítica que ela adquire por meio deste conhecimento são valores positivos e é assim que a mulher as experimenta. Por isso não quer mais abandoná-las. O mesmo acontece com o homem que, com grande esforço e às custas de sofrimento, conseguiu adquirir aquela necessária parte de compreensão feminina em sua psique e jamais renunciará a ela. Está extremamente persuadido da importância de sua aquisição.

[261] À primeira vista, poder-se-ia pensar que, assim, o homem e a mulher estariam em condições de tornar o casamento perfeito. Mas não é assim. Observando-se mais de perto, o conflito aparece imediatamente. O que a mulher

quer fazer com a consciência de si mesma, recém-conquistada, não agrada ao homem, enquanto os sentimentos que ele descobriu nele próprio estão longe de agradar à mulher. O que ambos descobriram não são virtudes ou valores em si mesmos, mas, em comparação com o que desejam, são algo *inferior* que poderia ser condenado com toda razão se fosse compreendido como manifestação de uma opção pessoal ou de certo humor. E é exatamente isso que comumente acontece, embora seja apenas uma meia-injustiça. A masculinidade da mulher e a feminilidade do homem têm menos valor, e é lastimável que algo de menor valor se agarre ou prenda ao valor pleno. Por outro lado, a sombra também faz parte da personalidade como um todo. O forte deve poder ser de algum modo fraco e o inteligente, estúpido, do contrário se torna inverossímil e degenera em pose e fanfarronice. Não é uma verdade bem antiga que a mulher gosta mais da fraqueza do forte do que de sua força, e da estupidez do inteligente mais do que de sua sensatez? O que o amor da mulher quer é o homem inteiro, não apenas sua masculinidade como tal, mas também sua negação. Na mulher, o amor não é sentimento como no homem, mas uma vontade de viver, às vezes terrivelmente desprovida de sentimentalidade, e que pode até levá-la ao sacrifício de si mesma. Um homem que é amado desta maneira não pode escapar de seu lado inferior, pois só pode responder a esta realidade com sua própria realidade. E esta realidade humana não é apenas uma bela aparência, mas um retrato fiel da eterna natureza humana que une, sem distinção, toda a humanidade; é uma imagem da vida com seus altos e baixos, comuns a todos nós. Nesta realidade não somos mais pessoas diferenciadas (persona = máscara), mas somos seres conscientes dos nossos laços humanos comuns. Deixando de lado a distinção social ou qualquer outra de nossa personalidade, eis que me encontro aqui diante do problema de hoje, problema que não depende de mim – pelo menos é o que penso. Mas não posso mais negá-lo. Sei e sinto que sou um dentre muitos e o que os move move também a mim. Em nossa força, somos independentes e isolados, e somos donos do nosso próprio destino; em nossa fraqueza, somos dependentes e de certa forma unidos, tornando-nos forçosamente instrumentos do destino, pois aqui o que conta não é a nossa vontade individual, mas a vontade da espécie.

[262] O que os dois sexos ganharam através desta mútua assimilação é uma inferioridade, se considerada do ponto de vista bidimensional do mundo pessoal das aparências, e uma pretensão imoral, se considerada como exigência pessoal. Mas no sentido da vida da sociedade, representa a superação do isolamento pessoal e da retenção interesseira em proveito de uma participação ativa na solução dos atuais problemas. Portanto, se a mulher de hoje, consciente ou inconscientemente, afrouxar a firme consistência do matrimônio, por sua independência psíquica e econômica, isso não quer dizer que o faz por mero capricho pessoal, mas impelida pela vontade de toda a espécie humana que a transcende e faz dela, como mulher individual, seu instrumento.

[263] A instituição do matrimônio (que chega a ser um sacramento para a religião) representa um valor social e moral tão alto que é compreensível que seu relaxamento seja indesejável e até mesmo revoltante. A imperfeição humana é sempre uma dissonância na harmonia de nossos ideais. Infelizmente ninguém vive num mundo conforme aos seus desejos, mas num mundo real, em que o bem e o mal se chocam e se destroem, em que as mãos destinadas a criar ou a construir não podem evitar de se sujarem. Quando alguma coisa vai realmente mal, sempre aparece alguém para afirmar, sob aplauso geral, que nada está acontecendo e que

tudo está em ordem. Repito, aquele que pode pensar e viver desta maneira, vive em outro mundo e não no nosso mundo atual. Se examinarmos com olhos verdadeiramente críticos um casamento qualquer, poderemos descobrir – a não ser que uma aguda pressão das circunstâncias tenha extinguido todos os sinais de distúrbio "psicológico" – os sintomas de seu relaxamento mais ou menos secreto, e ver que existem "problemas de casamento", desde problemas insuportáveis de humor até a neurose e o adultério. Infelizmente, como sempre, aqueles que ainda conseguem permanecer na inconsciência não podem ser imitados, o que quer dizer que seu bom exemplo não é suficientemente contagioso para induzir os homens mais conscientes a descer novamente ao nível da pura inconsciência.

Para aquelas muitas pessoas que não são obrigadas a gostar do presente, é muito importante que acreditem no ideal do matrimônio e o mantenham firme. Nada se pode ganhar com a destruição de um ideal e de um valor indiscutível, se não forem substituídos por algo melhor. Entretanto, também a mulher tem suas dúvidas – tanto a casada como a não casada – se deve ou não colocar-se abertamente do lado da rebelião. De qualquer forma, não segue o exemplo da conhecida escritora feminista que, depois de tentar todo tipo de experiências, se refugia no porto seguro do casamento, considerado doravante a melhor das soluções. E todas aquelas que não foram bem-sucedidas, depois da profunda decepção que sofreram, podem terminar seus dias numa piedosa renúncia. Mas a mulher do presente não vê as coisas por este ângulo. E o marido certamente terá alguma coisa a contar. [264]

Enquanto houver uma cláusula no Código que define com precisão o que é o adultério, a mulher será obrigada a permanecer em dúvida. Mas, será que o Código sabe real- [265]

mente o que é "adultério"? Sua definição seria uma verdade definitiva, descoberta uma vez por todas? Do ponto de vista psicológico – o único que realmente conta para a mulher – o Código é uma mesquinha obra malfeita, como tudo o que o homem imagina para dar uma expressão palpável ao amor. Para a mulher, o amor nada tem a ver com "equívocos matrimoniais", "relações sexuais extraconjugais", "enganar o marido" ou outras coisas parecidas, inventadas pela inteligência masculina, tão cega quando se trata do Eros. Só o amor que realmente crê no caráter inviolável do matrimônio tradicional é capaz de rebaixar-se às insípidas trivialidades apontadas pelo Código, assim como só aquele que crê em Deus pode blasfemar de verdade. Mas aquele que põe em dúvida o matrimônio não pode infringi-lo. Pouco lhe importa a lei. Ele se sente, como São Paulo, além da lei, no plano superior do amor. Como, porém, todos os fiéis adeptos da lei frequentemente a transgridem por ignorância, sedução ou vício, a mulher de hoje acaba se perguntando se ela não pertence também à mesma categoria. Do ponto de vista tradicional, é claro que pertence. Ela precisa saber disso para que o ídolo de sua própria respeitabilidade seja quebrado. Qualquer pessoa é respeitável quando pode mostrar-se abertamente, quando corresponde à expectativa pública. Em outras palavras, quando apresenta uma máscara ideal, que, no fundo, se resume numa fraude. A *boa forma* não é fraude, mas quando a respeitabilidade reprime a psique – a verdadeira essência que recebemos de Deus – então nos tornamos aquilo que Jesus Cristo chamou "sepulcros caiados".

[266] A mulher de hoje está consciente da inegável realidade de que ela só pode atingir o que há nela de melhor e mais elevado pelo amor. E esse conhecimento a leva a outro, isto é, que o amor transcende a lei. Mas a respeitabilidade pessoal não quer aceitar isso e acabamos confundindo essa rea-

ção com a opinião pública. Isso, porém, seria apenas o mal menor. O pior é que esta opinião está profundamente enraizada na mulher, está em seu sangue e se manifesta como uma voz interior, uma espécie de consciência, e é este poder que a põe em xeque. Não consegue perceber que pode haver uma colisão entre seu ser mais pessoal e mais íntimo e a história. Essa conjuntura lhe parece extremamente inesperada e absurda. Mas, afinal, quem chegou, com plena consciência, à conclusão de que a história não está nos grossos volumes, mas sim em nosso sangue? Só uma ínfima minoria.

Enquanto a mulher viver a vida do passado não entrará em colisão com a história. Mas logo que começar a desviar-se, por pouco que seja, da tendência cultural dominante da história, sentirá imediatamente o peso da inércia histórica. Este choque inesperado pode causar-lhe um abalo talvez mortal. Sua hesitação e dúvida são compreensíveis, pois ela se encontra não apenas numa situação extremamente difícil e equívoca, vizinha de todo tipo de depravação e patifaria, mas também entre duas forças universais: a inércia histórica e o poder criador divino. [267]

Quem poderia condená-la? A maioria dos homens não prefere o "sujeitou-se honrosamente"[32], no sentido figurado, ao conflito quase sem saída de decidir se devem ou não fazer história? Trata-se, afinal, de saber se queremos ser a-históricos e, assim, fazer história ou não. Ninguém pode fazer história se não quiser arriscar a própria pele, levando até o fim a experiência de sua própria vida, e deixar bem claro que sua vida não é uma continuação do passado, mas um novo começo. Continuar é uma tarefa que até os animais são capazes de fazer, mas começar, inovar é a única prerrogativa do homem que o coloca acima dos animais. [268]

---

32. "laudabiliter se subiecit".

[269]   Certamente a mulher de hoje está preocupada, no fundo de si mesma, com esse problema. E assim se manifesta nela a tendência cultural geral de nossa época: a urgência do desenvolvimento integral do ser humano, uma aspiração por sentido e plenitude, uma crescente aversão pela absurda parcialidade, pela instintividade inconsciente e pela cega contingência. A psique do europeu não esqueceu a lição da guerra, embora tenha banido muita coisa de sua consciência. A mulher está cada vez mais consciente de que só o amor pode dar-lhe a satisfação plena, assim como o homem está começando a perceber que só o espírito é capaz de dar à sua vida o mais elevado sentido. E ambos, no fundo, buscam a relação psíquica, porque o amor precisa, para completar-se, do espírito, e o espírito do amor.

[270]   A mulher sente que o casamento já não é segurança real, pois o que adianta a fidelidade do marido quando sabe que os sentimentos e pensamentos dele estão em outro lugar e que ele simplesmente é cauteloso ou covarde demais para segui-los? O que lhe importa a própria fidelidade, se ela mesma sabe que apenas está usando seu direito legal de propriedade enquanto está consumindo sua própria alma? Ela anseia por uma fidelidade maior, uma fidelidade em espírito e em amor, capaz de transcender as fraquezas e imperfeições humanas. Talvez ainda descubra que aquilo que parece fraco e imperfeito, um doloroso distúrbio ou um desvio alarmante, deva ser interpretado de acordo com sua dupla natureza: são degraus que levam ao nível humano mais profundo e, finalmente, acabam no pântano do inconsciente e das coisas perdidas, se o indivíduo perder seu ponto de apoio que está em sua distinção pessoal. Mas aquele que for capaz de segurar-se, poderá experimentar pela primeira vez o que significa ser ele mesmo, se também conseguir descer ao fundo de si mesmo, na indiferenciação humana. Que

outra coisa poderia, aliás, livrá-lo da solidão interior de sua diferenciação pessoal? E o que poderia servir-lhe de ponte psíquica para chegar à humanidade? Aquele que está em cima e distribui seus bens aos pobres, pela própria elevação de sua virtude está afastado do resto da humanidade, e quanto mais se esquece de si mesmo para sacrificar-se pelos outros, tanto mais se desvia interiormente do comum dos mortais.

A palavra "humano", que parece soar tão bela, se bem entendida não vem a ser nada de tão belo, tão virtuoso ou inteligente, mas justamente uma *média por baixo*. É o passo que Zaratustra não conseguiu dar, o passo em direção ao "homem mais feio", repelente, o verdadeiro homem. Nossa resistência de dar esse passo e nosso medo mostram quão grande é a atração e força de sedução do que está embaixo. Tentar separar-se completamente desse embaixo não é solução. Seria mera ilusão, um essencial desconhecimento de seu valor e seu sentido. Pois, como se poderia conceber a altura sem a profundidade, e como poderia haver luz sem projetar sombras? Nenhum bem pode crescer sem que um mal se lhe venha opor. "Ninguém pode ser redimido de um pecado que não cometeu", dizia Carpócrates. Palavra profunda para quem quiser compreendê-la, e também ocasião propícia para quem quiser tirar falsas conclusões. O plano inferior que pede para conviver com o homem mais consciente e por isso mais perfeito *não é aquilo que trará prazer, mas aquilo que ele teme*. [271]

O que digo aqui não se refere ao jovem – é justamente o que deveria ignorar –, mas ao homem maduro cuja experiência de vida já o tornou capaz de uma consciência bem maior. Ninguém pode dispor previamente do presente, mas vai penetrando nele aos poucos, pois não há passado sem o presente. O jovem ainda não tem passado, portanto também não tem presente. Ele ainda não cria cultura, mas [272] apenas existência. Criar cultura é privilégio e tarefa da idade madura, dos que já transpuseram o meridiano da vida.

[273] A psique europeia foi dilacerada pela infernal barbaridade da guerra. Enquanto o homem põe mãos à obra para reparar os danos materiais, a mulher – inconscientemente como sempre – trata de curar as feridas psicológicas. Necessita para isso de seu instrumento mais importante: a *relação psíquica*. Mas nada lhe é mais adverso neste particular do que o isolamento do matrimônio medieval, porque torna a relação supérflua de todo. A relação só é possível se houver distância psíquica, assim como a moralidade pressupõe sempre a liberdade. Por esta razão, a tendência inconsciente da mulher é afrouxar o casamento, mas não a ponto de destruí-lo e destruir a família. A destruição seria não só abuso moral, mas também doentio.

[274] Seriam necessários volumes inteiros de material casuístico para explicar as inúmeras formas de atingir o objetivo em cada caso particular. Como a natureza, também a mulher tem a tendência de trabalhar indiretamente, sem nomear explicitamente seu objetivo. Para atingi-lo, ela reage imperceptivelmente, através de caprichos, afetos, opiniões e ações, tudo no intuito de alcançar o mesmo fim, e sua aparente falta de sentido, sua malícia ou morbidez, sua insensibilidade e irreverência são infinitamente molestas ao homem, cego ao Eros.

[275] O método indireto da mulher é perigoso, pois pode comprometer irreversivelmente seu objetivo. Por isso ela aspira por uma consciência maior, capaz de fazê-la explicitar seu objetivo, dar-lhe sentido e assim escapar do cego dinamismo da natureza. Ela procura isso na teosofia e em todo tipo de extravagâncias. Em outros tempos, a religião dominante poderia indicar-lhe o fim último a alcançar. Mas

hoje a doutrina religiosa remete à Idade Média, à falta de relacionamento contrária à cultura da qual provêm todas as terríveis barbaridades da guerra. Ela reserva a alma humana exclusivamente para Deus, esquecendo o homem. O próprio Deus não pode prosperar numa humanidade que sofre de fome espiritual. A esta fome reage a psique da mulher, pois é função do Eros unir o que o Logos separa. A mulher de hoje está diante de enorme tarefa cultural que significa talvez o começo de nova era.

Anima e animus[33]

[296]   Entre os espíritos possíveis, os espíritos dos pais são praticamente os mais importantes; daí a difusão universal do *culto dos antepassados*. Em sua forma original, esse culto serviu para apaziguar os "*revenants*", mas se transformou depois num nível superior, numa instituição essencialmente moral e educacional, como, por exemplo, na China. Para a criança, os pais são os familiares mais próximos e mais influentes. Na idade adulta, porém, tal influência é interrompida; consequentemente, as imagos parentais são cada vez mais afastadas da consciência e, devido à influência restritiva que continuam a exercer, adquirem em geral um aspecto negativo. Deste modo, as imagos parentais se tornam estranhas, transferidas para uma espécie de "exterior" psíquico. Na vida do homem adulto, a *mulher* ocupa o lugar dos pais, como influência do ambiente mais próximo. Ela acompanha o homem e lhe pertence, na medida em que partilhar de sua vida e for mais ou menos da mesma idade; não é superior a ele pela idade, pela autoridade ou pela força física. É, porém, um fator muito influente e, como os pais, gera uma imago de natureza relativamente autônoma. Esta imago, no entanto, não deve ser rompida como a dos pais; deve ser conservada na consciência do homem e a ela associada. A mulher, com sua psicologia tão diversa da psi-

---

33. Excertos retirados de C.G. Jung. *O eu e o inconsciente* [OC, 7/2] – 22. ed. Petrópolis: Vozes, 2011, § 296-340, tradução de por Dora Mariana Ribeiro Ferreira da Silva.

cologia masculina, é e sempre foi uma fonte de informação sobre as coisas que o homem nem mesmo vê. É capaz de inspirá-lo e sua capacidade intuitiva, muitas vezes superior à do homem, pode adverti-lo convenientemente. Seu sentimento, orientado para as coisas pessoais, é apto para indicar-lhe caminhos; sem essa orientação, o sentimento masculino, menos orientado para o elemento pessoal, não os descobriria. O que Tácito diz sobre as mulheres germânicas é muito procedente no que a isto se refere[34].

Reside aqui, sem dúvida, uma das principais fontes da qualidade feminina da alma. Mas, ao que parece, não é a única fonte. Não há homem algum tão exclusivamente masculino que não possua em si algo de feminino. O fato é que precisamente os homens muito masculinos possuem (se bem que oculta e bem guardada) uma vida afetiva muito delicada, que muitas vezes é injustamente tida como "feminina". O homem considera uma virtude reprimir da melhor maneira possível seus traços femininos. Analogamente, a mulher, até há pouco tempo, considerava inconveniente ser varonil. A repressão de tendências e traços femininos determina um acúmulo dessas pretensões no inconsciente. A imago da mulher (a alma) torna-se, com a mesma naturalidade, o receptáculo de tais pretensões; por isso, o homem, em sua escolha amorosa, sente-se tentado a conquistar a mulher que melhor corresponda à sua própria feminilidade inconsciente: a mulher que acolha prontamente a projeção de sua alma. Embora uma escolha desse tipo possa ser considerada e sentida como um caso ideal, poderá também representar a opção do homem por seu lado fraco. (Isto esclareceria muitos casamentos estranhos.)

Parece-me, no entanto, que além da influência da mulher, o caráter feminino inerente ao homem esclarece a fe-

---

34. TÁCITO. *Germania*. § 18, 19.

minilidade do complexo anímico. Não creio que se trate de um mero "acaso" linguístico o fato de, por exemplo, a palavra sol ser do gênero feminino em alemão e do gênero masculino em outras línguas. Temos sobre isso o testemunho da arte de todas as épocas e, principalmente, a conhecida questão: *habet mulier animam*? A maioria dos homens, em particular os que possuem um tipo de compreensão psicológica, sabem o que Rider Haggard pretendia dizer ao falar de "Ela-que-deve-ser-obedecida", ou que corda vibra neles ao lerem a descrição de Antinea feita por Benoît[35]. Sabem também, perfeitamente, que espécie de mulher encarna com mais pregnância este misterioso conjunto de circunstâncias; só que muitas vezes o pressentem com demasiada clareza.

[299] O reconhecimento geral que tais livros desfrutam indica que nessa imagem da anima feminina subjaz algo de supraindividual, algo que não deve sua efêmera existência a uma originalidade meramente individual; representa alguma coisa de típico e suas raízes mergulham profundamente, além dos entrelaçamentos visíveis e superficiais a que nos referimos antes. Rider Haggard e Benoît exprimem de modo inconfundível tal pressentimento, nos *aspectos históricos* de suas figurações da anima.

[300] Sabemos que toda e qualquer experiência humana só é possível, dada a presença de uma predisposição subjetiva. Mas em que consiste esta predisposição? Em última instância, consiste numa estrutura psíquica inata, que permite ao homem ter tais experiências. Assim, todo o ser do homem, corporal e espiritualmente, já pressupõe o da mulher. Seu sistema está orientado *a priori* para ela, do mesmo modo que para um mundo bem definido, em que há água, luz,

---

35. Cf. HAGGARD, H.R. *She*. A History of Adventure. Londres: [s.e.], 1887. • BENOIT, P. *L'Atlantide*. Paris: [s.e.], 1919.

ar, sal, hidratos de carbono etc. A forma do mundo em que nasceu já é inata no homem, como *imagem virtual*. Assim é que pais, mulher, filhos, nascimento e morte são, para ele, imagens virtuais, predisposições psíquicas. Tais categorias apriorísticas são de natureza coletiva: imagens de pais, mulher, filhos em geral, e não constituem predestinações individuais. Devemos pensar nestas imagens como isentas de um conteúdo, sendo, portanto, inconscientes. Elas adquirem conteúdo, influência e por fim se tornam conscientes, ao encontrarem fatos empíricos que tocam a predisposição inconsciente, infundindo-lhe vida. Num certo sentido, *são sedimentos de todas as experiências dos antepassados, mas não essas experiências em si mesmas.* Pelo menos assim nos parece, no estado atual de nosso limitado saber. (Devo confessar que até agora não encontrei uma prova infalível da herança das imagens mnemônicas; em todo o caso não posso assegurar a impossibilidade absoluta de que, ao lado desses sedimentos coletivos, desprovidos de qualquer caráter específico individual, possam ocorrer memórias hereditárias individualmente determinadas.)

[301] Há uma imagem coletiva da mulher no inconsciente do homem, com o auxílio da qual ele pode compreender a natureza da mulher. Esta imagem herdada é a terceira fonte importante da feminilidade da alma.

[302] Como o leitor já terá percebido, não estamos tratando de um conceito filosófico e muito menos de um conceito religioso da alma e sim do reconhecimento psicológico da existência de um complexo psíquico semiconsciente, cuja função é parcialmente autônoma. É óbvio que esta constatação nada tem a ver com os conceitos filosóficos ou religiosos da alma, do mesmo modo que a psicologia nada tem a ver com a filosofia e com a religião. Não pretendo entrar aqui em qualquer "disputa das faculdades", nem é meu in-

tuito demonstrar ao filósofo ou teólogo o que *devem* entender por "alma". Proíbo-lhes, no entanto, que prescrevam ao psicólogo o que *deve* entender por "alma". A imortalidade pessoal, que a intuição religiosa costuma atribuir à alma, só pode ser reconhecida pela ciência como um indício psicológico, compreendido no conceito de função autônoma. O atributo da imortalidade pessoal nunca foi um característico da intuição primitiva da alma e o mesmo pode ser dito da imortalidade em si mesma. Deixando, porém, de lado, tais intuições inacessíveis à ciência, "imortalidade" significa apenas uma atividade psíquica que ultrapassa os limites da consciência. O "além-túmulo" ou o "depois da morte" significam psicologicamente o "além da consciência". Nada mais poderiam significar, uma vez que a afirmação da imortalidade só pode ser feita por um homem vivo que, por isso mesmo, não está em condições de pontificar acerca de uma situação "além-túmulo".

[303]   A autonomia do complexo psíquico auxilia naturalmente a representação de um ser pessoal e invisível, que vive num mundo diferente do nosso. Assim, pois, a atividade da alma é sentida como a de um ser autônomo, aparentemente sem ligação com nossa substância mortal; daí ser fácil imaginar tal ser existindo por si mesmo, talvez num mundo de coisas invisíveis. Mas não é imediatamente necessário que a *invisibilidade* deste ser independente signifique também sua *imortalidade*. O atributo da imortalidade pode facilmente derivar de outro fato a que já aludimos: o peculiar aspecto histórico da alma. Rider Haggard deu-nos em seu livro *She* a melhor descrição desse caráter. Os budistas também, ao afirmarem que o aperfeiçoamento progressivo, obtido pela interiorização, desperta a memória das encarnações anteriores, certamente se referem à mesma realidade psicológica; a diferença é que atribuem o fator histórico ao si-mesmo

(*atman*) e não à alma. Isto mostra a atitude espiritual extrovertida dos ocidentais, tal como é até hoje e que tende a atribuir a imortalidade – tanto pelo sentimento como pela tradição – a uma alma que se distingue mais ou menos do *eu*, deste se diferenciando por suas qualidades femininas. Seria absolutamente lógico se, mediante um aprofundamento da cultura espiritual introvertida, até agora negligenciada entre nós, ocorresse uma transformação que nos aproximasse mais da forma espiritual do Oriente. Deste modo, transferir-se-ia o atributo da imortalidade da figura ambígua da alma (*anima*) para o si-mesmo. É essencialmente a supervalorização do objeto material e exterior, que constela no interior uma figura espiritual e imortal (naturalmente com o fito de uma compensação e autorregulação). No fundo, o fator histórico não se liga apenas ao arquétipo do feminino, mas também ao arquétipo em geral, isto é, a todas as unidades herdadas, sejam elas físicas ou espirituais. Nossa vida continua a ser como sempre foi. Em nossa mente nada há de transitório, pois os processos fisiológicos e psicológicos dos homens que viveram há centenas de milhares de anos continuam dando-nos o sentimento íntimo e profundo da continuidade "eterna" do que é vivo. Nosso si-mesmo, como síntese de nosso sistema vivo, não só contém o sedimento e a soma de toda vida vivida, como também é o ponto de partida, o ventre materno grávido de toda vida futura e cujo pressentimento se encontra tanto no sentimento subjetivo, como no aspecto histórico. De tais bases psicológicas brota legitimamente a ideia da imortalidade.

Na concepção oriental não aparece o conceito da anima, tal como o estabelecemos aqui; assim, também falta, logicamente, o conceito da persona. Tal fato não parece ser um acaso, pois, como já indiquei, há uma relação compensatória entre persona e anima.

[304]

[305]   A persona é um complicado sistema de relação entre a consciência individual e a sociedade; é uma espécie de máscara destinada, por um lado, a produzir um determinado efeito sobre os outros e por outro lado a ocultar a verdadeira natureza do indivíduo. Só quem estiver totalmente identificado com a sua persona até o ponto de não conhecer-se a si mesmo poderá considerar supérflua essa natureza mais profunda. No entanto, só negará a necessidade da persona quem desconhecer a verdadeira natureza de seus semelhantes. A sociedade espera e tem que esperar de todo indivíduo o melhor desempenho possível da tarefa a ele conferida; assim, um sacerdote não só deve executar, objetivamente, as funções do seu cargo, como também desempenhá-las sem vacilar a qualquer hora e em todas as circunstâncias. Esta exigência da sociedade é uma espécie de garantia: cada um deve ocupar o lugar que lhe corresponde, um como sapateiro, outro como poeta. Não se espera que alguém seja ambas as coisas. Nem é aconselhável que o seja, pois seria estranho demais para os outros. Tal indivíduo, por ser "diferente", suscitaria a desconfiança. No mundo acadêmico seria considerado um "*dilettante*"; politicamente, um "valor imponderável"; religiosamente, um "livre-pensador"; em resumo, a suspeita de inconsistência e incompetência cairia sobre ele, uma vez que a sociedade está certa de que só um sapateiro que não seja poeta fará com perícia bons sapatos. A clareza da apresentação pessoal é algo praticamente muito importante, pois a sociedade só reconhece o homem médio, isto é, aquele que tem só *uma* coisa na cabeça, porque se tivesse duas não realizaria um trabalho apreciável: seria demais. Nossa sociedade está orientada indubitavelmente para ideais dessa ordem. Não é de estranhar-se, portanto, que para se chegar a alguma coisa se deva tomar em consideração tais exigências. É claro que como individualidade

ninguém pode adaptar-se por completo a essas expectativas; daí a necessidade inegável de construir-se uma personalidade artificial. As exigências do decoro e das boas maneiras se incumbem do resto, para incitar ao uso de um tipo de máscara adequada. Atrás desta última, forma-se então o que chamamos de "vida particular". A separação da consciência em duas figuras que às vezes diferem uma da outra de um modo quase ridículo é um fato bastante conhecido e constitui uma operação psicológica decisiva, que não deixa de ter consequências sobre o inconsciente.

A construção de uma persona coletivamente adequada significa uma considerável concessão ao mundo exterior, um verdadeiro autossacrifício, que força o eu a identificar-se com a persona. Isto leva certas pessoas a acreditarem que são o que imaginam ser. A "ausência de alma" que essa mentalidade parece acarretar é só aparente, pois o inconsciente não tolera de forma alguma tal desvio do centro de gravidade. Se observarmos criticamente casos dessa espécie, descobriremos que a máscara perfeita é compensada, no interior, por uma "vida particular". O piedoso Drummond queixou-se certa vez que "o mau humor é o vício dos virtuosos". Naturalmente, quem constrói uma persona boa demais sofrerá crises de irritabilidade. Bismarck tinha ataques de choro histérico, Wagner mantinha uma correspondência sobre cinturões de seda para batas de dormir, Nietzsche escrevia cartas a um "querido Lama", Goethe mantinha conversações com Eckermann etc. Mas há coisas mais refinadas que esses lapsos banais dos heróis. Certa vez travei relações com um homem venerável – poder-se-ia chamá-lo de santo, sem exagero. Durante três dias dei voltas e voltas sem conseguir encontrar nele a imperfeição dos mortais. Meu sentimento de inferioridade se tornou ameaçador e comecei a pensar seriamente no modo de corrigir-me. No quarto dia, porém,

[306]

sua mulher veio consultar-me... Nunca mais me aconteceu coisa parecida. Aprendi que um homem identificado com a persona pode transferir todas as suas perturbações à própria mulher, sem que esta o perceba, embora pagando com uma grave neurose seu autossacrifício.

[307] Essas identificações com o papel social são fontes abundantes de neuroses. O homem jamais conseguirá desembaraçar-se de si mesmo, em benefício de uma personalidade artificial. A simples tentativa de fazê-lo desencadeia, em todos os casos habituais, reações inconscientes: caprichos, afetos, angústias, ideias obsessivas, fraquezas, vícios etc. O "homem forte" no contexto social é, frequentemente, uma criança na "vida particular", no tocante a seus estados de espírito. Sua disciplina pública (particularmente exigida dos outros) fraqueja lamentavelmente no lar e a "alegria profissional" que ostenta mostra em casa um rosto melancólico. Quanto à sua moral pública "sem mácula", tem um aspecto estranho atrás da máscara – e não falemos de atos, mas só de fantasias: suas mulheres teriam muitas coisas para contar. Quanto ao seu abnegado altruísmo, a opinião dos filhos é outra.

[308] O indivíduo tende a identificar-se com a máscara impelido pelo mundo, mas também por influências que atuam de dentro. "O alto ergue-se do profundo", diz Lao-Tsé. É do íntimo que se impõe o lado contrário, tal como se o inconsciente oprimisse o eu com o mesmo poder que a persona exerce sobre ele. À falta de resistência exterior contra a sedução da persona corresponde uma fraqueza interior relativa às influências do inconsciente. O papel desempenhado fora é atuante e forte, ao passo que dentro vai-se desenvolvendo uma fraqueza efeminada contra todas as influências do inconsciente: estados de espírito momentâneos, caprichos, angústias e uma sexualidade efeminada (que culmina na impotência) passam, pouco a pouco, para o primeiro plano.

A persona, imagem ideal do homem tal como ele quer ser, é compensada interiormente pela fraqueza feminina; e assim como o indivíduo exteriormente faz o papel de homem forte, por dentro se torna mulher, torna-se anima[36], e é esta que se opõe à persona. O íntimo é obscuro e invisível para a consciência extrovertida, principalmente para o indivíduo que tem dificuldade em reconhecer suas fraquezas, por haver-se identificado com a persona. Portanto, o contrário da persona – a anima – também permanece totalmente no escuro e se projeta. É então que o herói cai sob o jugo da mulher. Nesta situação, se aumentar em demasia o poder desta última, ela não o suportará. Tomada por um sentimento de inferioridade, fornecerá ao homem a prova desejada: não é ele o herói, o indivíduo mesquinho em sua "vida particular", e sim ela. Por seu lado, esta nutrirá a ilusão, atraente para muitas, de que pelo menos se casou com um herói sem que a própria insignificância a preocupe. A este jogo ilusionista se dá muitas vezes o nome de "conteúdo vital".

É importante para a meta da individuação, isto é, da realização do si-mesmo, que o indivíduo aprenda a distinguir entre o que parece ser para si mesmo e o que é para os outros. É igualmente necessário que conscientize seu invisível sistema de relações com o inconsciente, ou seja, com a anima, a fim de poder diferenciar-se dela. No entanto, é impossível que alguém se diferencie de algo que não conheça. No que concerne à questão da persona, é fácil explicar ao indivíduo que ele e seu cargo são duas coisas diferentes. Mas no que se refere à anima, a diferenciação é mais difícil pelo fato desta ser invisível. Em primeiro lugar devemos lem-

[309]

[310]

---

36. Cf. a definição deste conceito em: JUNG, C.G. *Tipos psicológicos*. Op. cit. [OC, 6]. Definições, "alma" und "imagem da alma".

brar-nos do preconceito de que tudo o que vem de dentro brota do fundamento essencial da pessoa. O "homem forte" concordará talvez com a acusação de que é indisciplinado na "vida particular", alegando ser esse o *seu fraco*, e com o qual, de certa forma, se faz solidário. Tal tendência revela um legado cultural, que não deve ser negligenciado. Como ele mesmo reconhece, sua persona ideal é responsável por sua anima não menos ideal; desse modo, seus ideais são abalados: o mundo se torna ambíguo e ele mesmo se torna ambíguo. Começa a duvidar do bem e, o que é pior, começa a duvidar de sua própria boa intenção. Se pensarmos como são poderosos os pressupostos históricos a que se prende nossa ideia particular do que vem a ser uma boa intenção, compreenderemos que, em benefício de nossa concepção atual do mundo, é mais agradável acusarmo-nos de fraqueza pessoal do que duvidar da força dos ideais.

[311] Os fatores inconscientes são realidades determinantes, do mesmo modo que os fatores que regem a vida da sociedade. Ambos têm um caráter coletivo. Assim, tanto posso distinguir entre o que *eu* quero e o que o inconsciente me impõe, como perceber o que o meu cargo exige de mim e o que *eu* desejo. A primeira coisa evidente é a incompatibilidade das pretensões exteriores e interiores, ficando o eu entre ambas, como entre o martelo e a bigorna. Em face deste eu, que na maioria das vezes não passa de um simples joguete das pretensões referidas, há uma instância cuja definição não é fácil; gostaria de não designá-la pelo nome insidioso de "consciência", se bem que esta palavra, em seu melhor significado, sirva muito bem para indicar essa instância. Spitteler[37] diz com muito humor o que essa "cons-

---

37. Cf. SPITTELER, C. *Prometheus und Epimetheus.* Jena: [s.e.], 1915.
• JUNG, C.G. *Tipos psicológicos.* Op. cit., p. 227s. [OC, 6; § 261s.].

ciência" se tornou em nós. Evitemos, portanto, na medida do possível, este significado particular. Será melhor termos presente aquele trágico jogo de oposições entre o dentro e o fora (representado no Jó e no Fausto como aposta divina): é este, no fundo, o processo energético da vida, a tensão de opostos indispensável para a autorregulação. Mas por diferentes que sejam, em aparência e propósitos, esses poderes antagônicos, no fundo ambos querem e significam a vida do indivíduo; oscilam em torno de sua vida, como se esta fosse o fiel da balança. E justamente porque se relacionam entre si, tendem a unificar-se num sentido mediador; por assim dizer, este último nasce necessariamente do indivíduo, voluntária ou involuntariamente, razão pela qual é por ele pressentido. Tem-se o sentimento íntimo do que deveria ser e do que pode ser. Desviar-se de tal pressentimento significa extravio, erro e doença.

Não é por acaso que da palavra "persona" derivam os conceitos modernos de "pessoal" e de "personalidade". Assim como posso afirmar que meu *eu* é pessoal, ou que é uma personalidade, também posso dizer, no que se refere à minha persona, que constitui uma personalidade com a qual me identifico num grau maior ou menor. O fato de que deva, então, constatar em mim duas personalidades, nada tem de estranho, uma vez que todo complexo autônomo ou relativamente autônomo tem a particularidade de apresentar-se como personalidade, ou melhor, *personificado*. Onde pode observar-se tal fenômeno, com uma ênfase especial, é nas assim chamadas manifestações espíritas da escrita automática e outras semelhantes. As proposições registradas são sempre declarações pessoais na forma da primeira pessoa, em *eu*, como se por detrás de cada fragmento dessas proposições se encontrasse uma personalidade. O raciocínio ingênuo deduz imediatamente que se trata de espíritos.

[312]

Algo semelhante costuma ser observado nas alucinações dos doentes mentais, se bem que neste caso possa reconhecer-se, com maior clareza, a mera ocorrência de ideias ou fragmentos de ideias em conexão com a personalidade consciente, constatável por qualquer um.

[313] A tendência do complexo relativamente autônomo a personalizar-se explica a atuação extremamente "pessoal" da persona, a ponto do eu sentir-se em dificuldade frente à questão de sua "verdadeira" personalidade.

[314] O que foi dito acerca da persona e de todos os complexos autônomos também é válido no que diz respeito à anima: ela é igualmente uma personalidade e por isso pode ser facilmente projetada numa mulher. Em outras palavras, na medida em que a anima for inconsciente, sempre será projetada, uma vez que todo o *inconsciente* é projetado. A primeira portadora da imagem da alma é sempre a mãe; depois, serão as mulheres que estimularem o sentimento do homem, quer seja no sentido positivo ou negativo. Sendo a mãe, como dissemos, a primeira portadora dessa imagem, separar-se dela é um assunto tão delicado como importante, e da maior significação pedagógica. Encontramos por isso, já entre os primitivos, um grande número de ritos que organizam tal separação. Não é o bastante passar para a idade adulta e nem mesmo separar-se exteriormente da mãe; são celebradas consagrações como homem, particularmente impressionantes, e cerimônias de renascimento que efetivam plenamente o ato de separação da mãe (e, portanto, da infância).

[315] Assim como o pai protege o filho contra os perigos do mundo externo, representando um modelo da persona, a mãe é a protetora contra os perigos que o ameaçam do fundo obscuro da alma. Nos ritos de puberdade, o neófito recebe instruções acerca das coisas do "outro lado", e isto o tornará capaz de dispensar a proteção materna.

O homem moderno civilizado terá que sentir forçosamente a falta desta medida educacional que, apesar de seu primitivismo, é excelente. A consequência desta lacuna é que a anima, sob a forma da imago materna, é transferida para a mulher. Depois do casamento, é comum o homem tornar-se infantil, sentimental, dependente e mesmo subserviente; em outros casos, torna-se tirânico, hipersensível, constantemente preocupado com o prestígio de sua masculinidade superior. Este caso é o contrário do primeiro. A proteção contra o inconsciente, representada pela mãe, não é suprimida de forma alguma na educação do homem moderno; seu ideal de casamento se transforma, portanto, no desejo inconsciente de encontrar uma esposa que se desincumba do mágico papel de mãe. Sob o pretexto de um casamento idealmente exclusivo, o homem procura na realidade a proteção materna, colocando-se à mercê do instinto possessivo da mulher. Seu temor do poder obscuro e inabarcável do inconsciente faz com que outorgue à esposa uma autoridade ilegítima sobre ele; uma união desse tipo se assemelha a uma "sociedade secreta", tão íntima que ameaça explodir a qualquer instante, pela tensão interna. No caso oposto, quando o homem é reativo, ele atua de modo contrário, mas com o mesmo resultado. [316]

Em minha opinião, o homem moderno deve diferenciar-se não só da persona, como da anima. Parece que nossa consciência se volta principalmente para fora (em consonância com a alma ocidental), deixando as coisas interiores mergulhadas na obscuridade. No entanto, tal dificuldade pode ser facilmente superada, se considerarmos com espírito crítico e com toda concentração o material psíquico da nossa vida particular e não apenas os acontecimentos exteriores. Infelizmente estamos acostumados a silenciar pudicamente esse lado interior (talvez com medo de que [317] nossas mulheres traiam certos segredos); e se estes forem descobertos, reconheceremos, cheios de arrependimento, nossa "fraqueza", já que o único método educativo consiste na supressão ou repressão das fraquezas, ou a exigência que se as esconda do público. Será bom acrescentar que isso não adianta coisa alguma.

[318]   Tomemos o exemplo da persona para esclarecer o que realmente deveríamos experimentar. Na persona, tudo é claro e visível, enquanto que a anima jaz na obscuridade para nós, ocidentais. Há casos em que a anima impede excessivamente as boas intenções da consciência, criando um contraste entre a vida particular do indivíduo e sua esplêndida persona; o caso oposto e equivalente é o do indivíduo ingênuo, que nada sabe acerca da persona e que tropeça no mundo com as mais penosas dificuldades. Há pessoas que não possuem uma persona desenvolvida – "canadenses que desconhecem a cortesia rebocada de cal da Europa", indivíduos que cometem gafes em sociedade, perfeitamente ingênuos e inocentes, crianças comovedoras, sentimentais enfadonhos, ou então, quando são mulheres, Cassandras espectrais, temidas por sua falta de tato, eternamente incompreendidas, que nunca sabem o que fazem e por isso merecem o constante perdão, cegas para o mundo, sempre em sonhos. Tais casos nos mostram como uma persona descuidada atua e o que se poderia fazer para remediar o mal. Indivíduos assim poderiam evitar desilusões e sofrimentos de toda espécie, cenas e violências, se aprendessem a comportar-se no mundo. Deveriam procurar saber o que a sociedade lhes pede, reconhecer que há no mundo fatores e pessoas muito superiores a eles; deveriam tentar perceber o significado de suas ações na perspectiva alheia etc. Naturalmente, para quem haja desenvolvido sua persona de modo conveniente, este plano pedagógico não passa de uma carti-

lha para crianças. Se compararmos dois indivíduos, um possuidor de uma esplêndida persona e outro desprovido dela, constataremos que o primeiro está tão informado sobre o mundo quanto o segundo sobre a anima e seus assuntos. Mas o uso que ambos fazem de seus conhecimentos pode muito bem ser um abuso, e provavelmente o será.

O homem dotado de persona não tem a menor ideia das realidades interiores, do mesmo modo que o tipo a ele oposto não reconhece a realidade do mundo que, segundo lhe parece, tem apenas o valor de um pátio de recreio divertido ou fantástico. Mas o reconhecimento das realidades interiores é absolutamente necessário, uma *conditio sine qua non* para que se considere com a seriedade necessária o problema da anima. Se o mundo exterior não passa de um fantasma, para que o esforço de estabelecer um complicado sistema de relação e adaptação a ele? Paralelamente, considerando-se as realidades interiores "mera fantasia", ninguém reconhecerá nas manifestações da anima outra coisa além de tolices e fraquezas. Mas se for reconhecido o fato de que o mundo está fora *e* dentro, e que portanto a realidade vem tanto do exterior como do interior, logicamente dever-se-á considerar os transtornos e inconvenientes que surgem do íntimo como sintomas de uma adaptação defeituosa às condições do mundo interior. Os esbarrões que os ingênuos sofrem no mundo não podem ser resolvidos pela repressão moral e de nada lhes adianta resignar-se com as próprias "fraquezas", reconhecendo-as. Há razões, intenções e consequências, que podem ser trabalhadas pela vontade e pela compreensão. Tomemos, por exemplo, o tipo do benfeitor público, o homem "sem mácula", temido em casa pela mulher e pelos filhos por seu caráter irascível e humor explosivo. Qual o papel da anima nesses casos?

[319]

[320] Veremos sua função, se acompanharmos o curso natural dos acontecimentos. A esposa e os filhos apartar-se-ão dele que, sem dúvida, se lamentará do vácuo formado em seu redor e da insensibilidade da família. As coisas talvez fiquem piores do que antes e o alheamento dos familiares será absoluto. Se os bons espíritos não o tiverem abandonado, ele perceberá seu isolamento e em sua solidão começará a compreender o que determinou tal estado de coisas. Talvez se interrogue, admirado: "Que demônio se apoderou de mim?" Provavelmente não alcançará o sentido desta metáfora. Seguem-se o arrependimento, a reconciliação, o esquecimento, a repressão e, em seguida, uma nova explosão. Evidentemente, a anima tenta provocar uma ruptura. Tal tendência não trabalha, é claro, em benefício de ninguém. Mas a anima se interpõe como se fosse uma amante ciumenta que procura indispor o homem com sua família. Um cargo ou qualquer outra posição social vantajosa pode produzir o mesmo efeito, mas neste caso compreender-se-á a força de sedução. Mas a anima, donde provém seu poder aliciante? Como no caso da persona, pode ser que se trate de valores ou outras coisas importantes e eficazes, promessas sedutoras. Mas devemos nos proteger de início contra as racionalizações. Poderíamos pensar imediatamente que esse homem de bem está de olho numa outra mulher. Pode ser, mas também pode ser que a anima tenha preparado este meio eficaz para atingir sua meta. Não devemos enganar-nos considerando tal situação como um fim em si mesmo, uma autofinalidade, pois o homem de bem, que se casou corretamente segundo a lei, poderá também divorciar-se com a mesma dignidade e segundo a lei. Entretanto, isto não mudaria em nada sua atitude fundamental: o antigo quadro apenas ganharia uma nova moldura.

Na realidade, tais arranjos representam um método frequente de concluir separações e dificultar as soluções definitivas. Seria mais razoável, portanto, que se descartasse a possibilidade imediata da intenção autêntica de uma ruptura. Parece mais indicado começar pela investigação do que se oculta atrás da tendência anímica. Eu proporia em primeiro lugar uma *objetivação da anima,* ou seja, a negação estrita de considerar a tendência à separação do cônjuge como uma fraqueza própria. Só depois poder-se-ia perguntar à anima: "Por que desejas esta ruptura?" Há uma grande vantagem em colocar a questão de modo tão pessoal: dessa forma a personalidade da alma é reconhecida, tornando-se possível estabelecer uma relação com ela. Quanto mais pessoal a considerarmos, tanto melhor.

[321]

Tudo isto parecerá ridículo às pessoas que estão acostumadas a agir de um modo puramente intelectual e racional. Seria mais do que absurdo manter um diálogo com a persona, dado o fato de esta ser apenas um meio de relação psicológica. Um absurdo, mas só para quem a tiver. Quem não a tiver será *meramente um primitivo* sob este aspecto; e pertencerá àquele tipo de pessoas que se apoiam num pé só naquilo que comumente chamamos realidade. O outro pé está no mundo dos espíritos, que para ele é efetivamente real. O caso exemplar que escolhemos se comporta no mundo como um europeu moderno, e no mundo dos espíritos, como o filho de um troglodita. Deve conformar-se, portanto, com uma espécie de escola para crianças da pré-história, até chegar a uma ideia justa acerca dos poderes e fatores de um outro mundo. Não errará compreendendo a figura da anima como um complexo autônomo, dirigindo-lhe perguntas de cunho pessoal.

[322]

Considero tal coisa como uma verdadeira técnica. Todos sabem que têm a peculiaridade e a capacidade de dialo-

[323]

gar consigo mesmos. Sempre que nos encontramos diante de um dilema angustioso costumamos dirigir a nós próprios (senão a quem?) a pergunta: "Que fazer?" Fazemo-lo em voz alta ou baixa. E nós mesmos (senão quem?) respondemos. Uma vez que temos a intenção de sondar os fundamentos básicos do nosso ser, pouco nos importa viver como que numa espécie de metáfora. Devemos interpretar como um símbolo do nosso atraso primitivo (ou da nossa naturalidade que ainda persiste, graças a Deus) o fato de conversarmos pessoalmente, a modo dos primitivos, com a nossa "serpente". Mas como a psique não é uma unidade e sim uma pluralidade contraditória de complexos, não é muito difícil chegar à dissociação necessária para discutir com a anima. Tal arte ou técnica consiste em emprestar uma voz ao interlocutor invisível, pondo à sua disposição, por alguns momentos, o mecanismo da expressão; deixemos de lado a aversão natural por esse jogo aparentemente absurdo consigo mesmo, assim como a dúvida acerca da "autenticidade" da voz do interlocutor. Este último detalhe é de grande importância. Identificamo-nos sempre com os pensamentos que nos assaltam, uma vez que nos consideramos seus autores. É interessante observar que são os pensamentos impossíveis que despertam em nós um sentimento de maior responsabilidade subjetiva. Se percebêssemos com mais acuidade como são severas as leis universais às quais deve submeter-se até mesmo a fantasia mais selvagem e arbitrária, talvez seríamos mais capazes de considerar tais pensamentos como fatos objetivos, como se fossem sonhos. Não passa pela cabeça de ninguém supor que estes últimos sejam invenções intencionais e arbitrárias. Mas tudo exige, certamente, a máxima objetividade e ausência de preconceitos; só assim proporcionaremos ao "outro lado" a oportunidade de manifestar-se mediante uma atividade psíquica perceptível. A atitude repressiva da consciência obriga, porém, que o outro lado se manifeste indiretamente, através de sintomas, quase sempre de caráter emocional. Só em momentos de um afeto avassalador emergem à superfície fragmentos de conteúdos do inconsciente, sob a forma de pensamentos ou imagens. O sintoma inevitável que acompanha tal fenômeno é o da identificação momentânea do eu com essas manifestações, que são renegadas logo depois. É fabuloso o que se pode dizer movido pelo afeto. Mas todos sabem com que facilidade essas coisas são esquecidas e renegadas. Devemos contar com tais mecanismos de desvalorização e de negação se quisermos orientar-nos com objetividade. O hábito de interromper o afluxo do inconsciente, corrigi-lo ou criticá-lo se reforçou pela tradição e pelo medo que se tem de admitir diante dos outros ou de si mesmo a angústia mobilizada pelas verdades insidiosas, compreensões arriscadas e constatações desagradáveis; o receio, enfim, de tudo o que faz o homem fugir de si mesmo como de um flagelo. Diz-se geralmente que preocupar-se consigo é algo de egoístico e "mórbido", e que a própria companhia é a pior de todas: "torna a pessoa melancólica". Tais são os esplêndidos testemunhos acerca da nossa qualidade humana, intrínsecos à mentalidade ocidental. Mas os que assim pensam nunca perguntam a si mesmos que prazer terão os outros em companhia de um covarde tão sujo. Uma vez que nos momentos de afeto se mostram involuntariamente as verdades do outro lado, é aconselhável aproveitar esses momentos para que tal aspecto tenha a ocasião de expressar-se. Por isso o indivíduo deveria cultivar a arte de falar consigo mesmo numa situação de afeto e em seus marcos, como se o próprio afeto falasse, sem levar em conta a crítica razoável. Enquanto o afeto se manifesta, a crítica deve ser evitada. Entretanto, logo que o afeto haja exposto seu caso, será conscienciosamente criticado, como se o interlocutor fosse um indivíduo real, diretamente relacionado conosco. Não devemos dar-nos logo por satisfeitos; as perguntas e respostas deverão prosseguir até que se haja encontrado um final satisfatório da discussão. Subjetivamente, reconhecer-se-á se o resultado é ou não aceitável, sendo inútil qualquer tentativa de iludir-se. As condições indispensáveis desta técnica de educar a anima se resumem numa rigorosa honestidade consigo mesmo e em evitar a antecipação apressada do que o outro lado quer expressar.

[324] Mas há algo a dizer acerca do medo característico que o homem ocidental sente em relação ao outro lado. Em primeiro lugar, este medo não é completamente injustificado, além de ser real. Compreendemos sem dificuldade o medo que a criança e o primitivo sentem diante do mundo amplo e desconhecido. Pois é o mesmo medo que experimentamos em nosso mundo interior infantil, que se nos afigura imenso e desconhecido. Sentimos somente o afeto, sem perceber que se trata de um medo do mundo, uma vez que esse mundo é invisível. A seu respeito só temos preconceitos teóricos ou ideias supersticiosas. E há pessoas cultas diante das quais não podemos falar do inconsciente sem sermos acusados de misticismo. O medo a que nos referimos é, pois, legítimo, pois os dados do outro lado conseguem abalar nossa concepção racional do mundo, com suas certezas científicas e morais; a crença ardente que nelas depositamos faz supor quão frágeis são. Se pudermos evitar isto, a única verdade recomendável é o enfático ditado dos filisteus: "*quieta non movere*"; devo sublinhar, além disso, que não recomendo a ninguém a técnica acima exposta, como algo de necessário e útil, se a pessoa não for premida pela necessidade. Como já dissemos, os estádios são muitos: há velhos que morrem como crianças de peito e ainda hoje nascem trogloditas.

Certas verdades só serão reconhecidas no futuro; outras passaram e outras jamais serão aceitas.

Digamos, no entanto, que alguém usasse tal técnica por uma santa curiosidade; talvez um jovem desejoso de ter asas, não por ser aleijado, mas por sentir a nostalgia do sol. Um adulto, porém, que já perdeu as mais caras ilusões, só se prestará de má vontade a essa humilhação íntima, a essa entrega que o devolverá às angústias da infância. É penoso situar-se entre um mundo diurno de ideais ameaçados, valores em descrédito e um mundo noturno de fantasias aparentemente sem sentido. Tal posição é tão estranha que, provavelmente, ninguém resistirá à tentação de agarrar-se a algo seguro, mesmo que se trate de "agarrar o passado": por exemplo, a mãe, que protegia sua infância contra as angústias noturnas. Quem tem medo precisa aceitar a dependência, assim como o fraco necessita de um apoio. A mente primitiva já conta, por isso, com um ensinamento religioso cujo representante é o mago e o sacerdote; esse ensinamento nasceu da mais profunda necessidade psicológica. *Extra ecclesiam nulla salus* – é uma verdade válida até hoje para os que se agarram ao passado. Para a minoria, só há o recurso de depender de um homem – dependência humilde e orgulhosa, que se me afigura um apoio mais frágil e mais forte do que qualquer outro. E o que dizer então dos protestantes? Sem Igreja, sem sacerdotes, eles têm apenas Deus – e mesmo desse Deus duvidam.

[325]

O leitor poderá perguntar, admirado: "Mas o que a anima desencadeia para que sejam necessárias tantas precauções antes de tratar com ela?" Eu recomendaria então ao leitor que estudasse a história comparada das religiões, procurando preencher essas narrações mortas com a emoção da vida; desse modo é que foram experimentadas por aqueles que as viveram. Creio que assim poderiam ter uma ideia da

[326]

realidade que vive do outro lado. As velhas religiões, com seus símbolos sublimes e ridículos, carregados de bondade e de crueldade, não nasceram do ar, mas da alma humana, tal como vive em nós neste momento. Todas essas estranhas coisas, suas formas originárias nos habitam e podem precipitar-se sobre nós a qualquer momento, com uma violência destruidora, sob a forma de sugestão das massas, contra a qual o indivíduo é impotente. Os deuses terríveis mudaram apenas de nome, eles rimam agora com "ismo". Será que alguém se atreveria a afirmar que a Guerra Mundial ou o bolchevismo foram invenções engenhosas? Vivemos exteriormente num mundo em que continentes podem submergir a qualquer instante, os polos deslocar-se, ou uma nova pestilência fazer sua irrupção; paralelamente, vivemos interiormente num mundo em que algo semelhante pode acontecer, sob a forma de uma ideia, nem por isso menos perigosa e nociva. A desadaptação ao mundo interior é uma omissão de graves consequências, tal como a ignorância e a incapacidade frente ao mundo exterior. Só uma ínfima parte da humanidade, na superpovoada península asiática projetada sobre o Atlântico, e que se considera "culta" por sua falta de contato com a natureza, concebeu a ideia de que a religião é uma forma peculiar de perturbação mental, cuja meta é incompreensível. Considerada de uma distância segura, da África Central ou do Tibet, parece que essa fração humana projetou seu próprio "*dérangement mental*" inconsciente sobre os povos que ainda possuem instintos saudáveis.

[327] As coisas do mundo interior nos influenciam subjetiva e poderosamente, por serem inconscientes. Assim, pois, quem quiser incrementar o progresso em seu próprio ambiente cultural (pois toda a cultura começa com o indivíduo), deverá tentar objetivar as atuações da anima, cujos conteúdos subjazem a essas atuações. Nesse sentido, o ho-

mem se adaptará e ao mesmo tempo se protegerá contra o invisível. Toda adaptação resulta de concessões aos dois mundos. Da consideração das exigências do mundo interno e do mundo externo, ou melhor, do conflito entre ambos, procederá o *possível* e o *necessário*. Infelizmente, o espírito ocidental, desprovido de cultura em relação ao problema que nos ocupa, jamais concebeu um conceito para *a união dos contrários no caminho do meio*. Esta pedra de toque fundamental da experiência interior não tem, entre nós, nem mesmo um nome para figurar ao lado do conceito chinês do Tao. Esta realidade é ao mesmo tempo a mais individual e a mais universal, o cumprimento legítimo do significado da existência humana.

No desenvolvimento desta exposição tratei, até agora, exclusivamente da psicologia *masculina*. A anima, sendo feminina, é a figura que compensa a consciência masculina. Na mulher, a figura compensadora é de caráter masculino e pode ser designada pelo nome de *animus*. Se não é simples expor o que se deve entender por anima, é quase insuperável a dificuldade de tentar descrever a psicologia do animus. [328]

O homem atribui a si mesmo, ingenuamente, as reações da sua anima, sem perceber que na realidade não pode identificar-se com um complexo autônomo; o mesmo ocorre na psicologia feminina, só que de um modo muito mais intenso, se é que isto é possível. A identificação com o complexo autônomo é a razão essencial da dificuldade de compreender e descrever o problema, sem falar de sua obscuridade e estranheza. Sempre partimos do pressuposto ingênuo de que somos os senhores em nossa própria casa. Deveríamos habituar-nos, no entanto, com a ideia de que mesmo em nossa vida psíquica mais profunda vivemos numa espécie de casa cujas portas e janelas se abrem para o mundo: os objetos e conteúdos deste último atuam sobre nós, mas não [329] nos pertencem. A maioria das pessoas não concebe sequer esta ideia, e aceita com dificuldade o fato de que seus vizinhos não têm a mesma psicologia que a sua. O leitor poderá julgar exagerada tal observação, uma vez que geralmente todos são conscientes das diferenças individuais. Lembremo-nos, porém, que a psicologia da consciência provém de um estado original de inconsciência e de indiferenciação. A este estado Lévy-Bruhl chama de *participation mystique*. Por conseguinte, a consciência da diferenciação constitui uma aquisição tardia da humanidade; provavelmente ela é um recorte relativamente pequeno no campo incomensurável da identidade original. A diferenciação é a essência, a *conditio sine qua non* da consciência. Todo inconsciente é indiferenciado e tudo quanto ocorre inconscientemente parte desta base da indiferenciação. Isto significa, em primeiro lugar, que não se sabe se pertence ou não ao si-mesmo. É impossível estabelecer *a priori* se me concerne, ou se concerne a outro, ou a ambos. Nem mesmo o sentimento nos serve de apoio seguro quanto a isto.

[330] Não se pode afirmar *ipso facto* que a mulher tem uma consciência inferior à do homem: sua consciência simplesmente é diversa da consciência masculina. Mas assim como a mulher percebe claramente coisas que o homem tateia no escuro, do mesmo modo há campos de experiência do homem ainda ocultos para ela nas sombras da indiferenciação. Isto sucede no que se refere a coisas que têm, para a mulher, pouco interesse. O mais importante e interessante para a mulher é o âmbito das relações pessoais, passando para o segundo plano os fatos objetivos e suas inter-relações. O vasto campo do comércio, da política, da tecnologia, da ciência, enfim todo o reino do espírito utilitário aplicado do homem é relegado à penumbra da consciência feminina; por seu lado, ela desenvolve uma consciência ampla das re-

lações pessoais, cujas nuanças infinitas em geral escapam à perspicácia masculina.

É claro, portanto, que o inconsciente feminino apresenta aspectos essencialmente diversos dos que são encontrados no homem. Se eu tivesse que caracterizar, resumindo em poucas palavras, a diferença entre homem e mulher no tocante ao problema que nos ocupa, isto é, como se confrontam *anima* e *animus*, eu diria: assim como a anima produz *caprichos*, o animus produz *opiniões*; e assim como os caprichos do homem brotam de um fundo obscuro, do mesmo modo as opiniões da mulher provêm de pressupostos aprioristicos inconscientes. As opiniões do animus apresentam muitas vezes o caráter de sólidas convicções, difíceis de comover, ou de princípios cuja validez é aparentemente intangível. Se analisarmos, porém, tais opiniões, logo depararemos com pressupostos inconscientes que deveriam ser provados, de início; em outras palavras, as opiniões foram concebidas *como se* tais pressupostos existissem. Na realidade, essas opiniões são totalmente irrefletidas; existem prontinhas e são mantidas com tal firmeza e convicção pela mulher que as formula, como se esta jamais tivesse tido a menor sombra de dúvida a respeito.

Poder-se-ia supor que o animus, à semelhança da anima, se personifica como *um* homem. A experiência, porém, mostra que tal suposição é só parcialmente verdadeira; aparece uma circunstância inesperada, configurando uma situação inteiramente diversa da do homem. O animus não se apresenta como *uma* pessoa, mas como uma *pluralidade* de pessoas. Na novela de H.G. Wells, *Christina Alberta's Father*, a heroína, em todas as suas ações, sente-se submetida à vigilância de uma autoridade moral superior; esta última adverte-a inexoravelmente, com precisão e uma falta absoluta de fantasia, dizendo com secura e exatidão o que ela

[331]

[332]

está prestes a fazer e por que motivos. Wells chama a esta autoridade *"Court of Conscience"*. Esta pluralidade de juízes que condenam formam uma espécie de tribunal que corresponde a uma personificação do animus. O animus parece uma assembleia de pais e outras autoridades, que formula opiniões incontestáveis e "racionais", *ex cathedra*. Examinando-as atentamente, percebe-se que parecem constituídas de palavras e conceitos reunidos, talvez inconscientemente, desde a infância e amontoados numa espécie de cânone da verdade, autenticidade e razoabilidade médias. É um tesouro de pressupostos que, ao faltar um critério consciente e idôneo (o que não é raro), sugere imediatamente uma opinião. Às vezes esse tipo de opinião aparece sob a forma do assim chamado senso comum; outras vezes, revela um preconceito mesquinho, ou então se manifesta sob a forma de um princípio disfarçado em ensinamento. "Não há quem não faça assim", ou "todo mundo diz isso ou aquilo" etc.

[333] Evidentemente, o animus é projetado com a mesma frequência que a anima. Os homens adequados para a projeção são imagens vivas do bom Deus, sabem absolutamente tudo, ou são reformadores incompreendidos, cujo rico vocabulário é composto de palavras de vento; são especialistas em traduzir toda espécie de coisas humanas demasiado humanas em termos bombásticos da "experiência fecunda". O animus não estaria suficientemente caracterizado se o representássemos apenas como uma consciência moral coletiva e conservadora; ele é também um reformador que, em contraste com suas opiniões sensatas, tem um fraco pelas palavras difíceis e desconhecidas, agradável sucedâneo da odiosa reflexão.

[334] Do mesmo modo que a anima, o animus é um amante ciumento, pronto para substituir um homem de carne e osso por uma opinião sobre ele, opinião cujos fundamentos

duvidosos nunca são submetidos à crítica. As opiniões do animus são sempre coletivas e negligenciam os indivíduos e todos os julgamentos individuais; dessa forma, o animus procede exatamente como a anima que se interpõe entre marido e mulher, com suas predições e projeções afetivas. Se a mulher é bonita, a opinião do seu animus tem para o homem algo de infantil e tocante, que o ajuda a mostrar-se benevolente, paterno e professoral. Entretanto, se a mulher não tocá-lo do ponto de vista sentimental, e ele esperar de sua parte competência e não desamparo ou estupidez, as opiniões do animus o irritarão por sua falta de fundamento: não tolerará essa pseudo-opinião, esse mero desejo de ter direito à própria opinião etc. Nessas circunstâncias, os homens se tornam mordazes, pois é incontestável que o animus sempre provoca a anima (e vice-versa), fato que impossibilita o prosseguimento da discussão.

[335] Nas mulheres intelectuais o animus origina um tipo de argumentação e raciocínio que pretende ser intelectual e crítico, mas na realidade consiste essencialmente em converter algum detalhe sem importância num absurdo argumento principal. Ocorre também que numa discussão, inicialmente clara, o argumento se enreda de um modo infernal pela intromissão de um ponto de vista diverso e mesmo petulante. Inconscientemente, tais mulheres só procuram irritar o homem, sucumbindo ao animus por completo. "Infelizmente, eu tenho sempre razão", confessou-me uma mulher deste tipo.

[336] Todos esses fenômenos, bastante conhecidos e desagradáveis, derivam da *extraversão do animus*. O animus não pertence à função de relação consciente; sua função é a de possibilitar a relação com o inconsciente. No que se refere às situações exteriores, sobre as quais é preciso *refletir conscientemente*, o animus não deve intervir mediante o pro-

cesso acima referido das "opiniões"; como função associativa de ideias, deve ser dirigido para dentro, a fim de associar os conteúdos do inconsciente. A técnica de explicação com o animus é, em princípio, a mesma que a da anima, só que neste se trata de *opiniões*. A mulher deve aprender a criticá-las e mantê-las à distância, não com o intuito de reprimi-las, mas investigar-lhes a procedência: penetrando mais fundo em seu obscuro recesso, deparará com as imagens originárias, do mesmo modo que o homem, ao explicar-se com a anima. O animus é uma espécie de sedimento de todas as experiências ancestrais da mulher em relação ao homem, e mais ainda, é um ser criativo e engendrador, não na forma da criação masculina. O animus produz o que se poderia chamar λόγος σπερμαιχός, a palavra que engendra. Assim como o homem faz brotar sua obra, criatura plena de seu feminino interior, assim também o masculino interior da mulher procria germes criadores, capazes de fecundar o feminino do homem. É o caso da *"femme inspiratrice"*, a qual – se sua cultura não for verdadeira – pode transformar-se numa mulher dogmática da pior espécie, preceptora despótica, ou, na excelente definição de uma das minhas pacientes, uma forma de *"animus hound"*.

[337]   A mulher tomada pelo animus corre sempre o risco de perder sua feminilidade, sua persona adequadamente feminina. O homem, em iguais circunstâncias, arrisca efeminar-se. Tais transformações psíquicas do sexo explicam-se pelo fato de que uma função interior se volta para fora. O motivo desta perversão é, naturalmente, a insuficiência ou o desconhecimento total do mundo interior, que se ergue, autônomo, em oposição ao mundo exterior; as exigências de adaptação ao mundo interior igualam às do mundo exterior.

[338]   No tocante à pluralidade do animus, em contraposição à personalidade única da anima, tal fenômeno singular se

me afigura um correlato da atitude consciente. A atitude consciente da mulher é geralmente muito mais pessoal do que a do homem. O mundo feminino é composto de pais e mães, irmãos e irmãs, maridos e filhos. E a realidade restante também se compõe de famílias semelhantes, que se relacionam umas com as outras, mas se interessam essencialmente por si mesmas. O mundo do homem é o povo, o "Estado", os negócios etc. Sua família representa um meio dirigido para uma finalidade, e é um dos fundamentos do Estado. Sua esposa não é necessariamente *a mulher* (pelo menos no mesmo sentido que ela pensa ao dizer "meu marido"). Para o homem, o geral precede o pessoal; daí o fato de seu mundo ser composto de uma multiplicidade de fatores coordenados, enquanto que para a mulher o mundo além do marido acaba numa espécie de nevoeiro cósmico. Assim, a exclusividade apaixonada liga-se à anima do homem e a pluralidade indefinida, ao animus da mulher. Na imaginação masculina, paira uma imagem significativa e bem delineada de Circe ou Calipso, enquanto que o animus da mulher se exprime principalmente como os "Holandeses voadores" e outros desconhecidos hóspedes do mar, mais ou menos inacessíveis, proteus em constante movimento. Tais expressões aparecem de modo particular nos sonhos e na realidade concreta, sob a forma de tenores famosos, campeões de boxe, grandes homens de cidades distantes e desconhecidas.

Essas duas figuras crepusculares do fundo obscuro da psique, a anima e o animus (verdadeiros e semigrotescos "guardiões do umbral", para usar o pomposo vocabulário teosófico), podem assumir numerosos aspectos, que encheriam volumes inteiros. Suas complicações e transformações são ricas como o próprio mundo, e tão extensas como a variedade incalculável do seu correlato consciente, a persona. Habitam uma esfera de penumbra, e dificilmente percebe-

[339]

mos que ambos, anima e animus, são complexos autônomos que constituem uma função psicológica do homem e da mulher. Sua autonomia e falta de desenvolvimento usurpa, ou melhor, retém o pleno desabrochar de uma personalidade. Entretanto, já podemos antever a possibilidade de destruir sua personificação, pois os conscientizando podemos convertê-los em pontes que nos conduzem ao inconsciente. Se não os utilizarmos intencionalmente como funções, continuarão a ser complexos personificados e nesse estado terão que ser reconhecidos como personalidades relativamente independentes. Por outro lado, não podem ser integrados à consciência enquanto seus conteúdos permanecerem desconhecidos. No entanto, a tentativa de explicação com eles deverá trazer à luz seus conteúdos; só quando esta tarefa for cumprida, isto é, só quando a consciência familiarizar-se suficientemente com os processos inconscientes refletidos na anima, esta última será percebida como uma simples função.

[340] Naturalmente, não espero que todos os leitores compreendam de imediato o que anima e animus significam. Confio apenas que não tenham a impressão de tratar-se de algo "metafísico"; os fatos são empíricos e poderiam ser vazados de igual modo em linguagem racional e abstrata. Evitei de propósito uma linguagem deste tipo, porque tudo que aqui apresentamos foi, até agora, um campo tão inacessível à experiência, que não conviria apresentá-lo aos leitores numa formulação intelectual. Acho muito mais importante proporcionar-lhes uma visão das possibilidades de experiência. Ninguém compreenderá realmente estes fatos se não experimentá-los em si mesmo. Por isso, interessa-me muito mais indicar as pistas e possibilidades de experiências, em lugar de estabelecer fórmulas intelectuais; estas últimas não passariam de um emaranhado inútil de palavras, se precedessem as experiências que necessariamente implicam. Infe-

lizmente, já são muitos os que decoram palavras e inventam experiências condizentes, abandonando-se depois, segundo o temperamento, à credulidade ou à crítica. Trata-se aqui de colocar um novo problema, trata-se de uma nova região psicológica de experiências, no entanto tão antiga! Formularemos sobre ela teorias relativamente válidas, quando os fenômenos anímicos correspondentes forem experimentados por um número suficiente de pessoas. Primeiro, os fatos; depois, as teorias. O estabelecimento de uma teoria deve resultar da discussão de muitos.

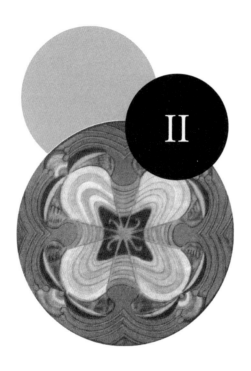

II

Aspectos psicológicos do arquétipo materno[38]

1. O conceito de arquétipo

O conceito da Grande Mãe provém da História das Religiões e abrange as mais variadas manifestações do tipo de uma Deusa-Mãe. No início esse conceito não diz respeito à psicologia, na medida em que a imagem de uma "Grande Mãe" aparece *nessa forma* muito raramente. E quando aparece na experiência clínica, isso só se dá em circunstâncias especiais. O símbolo é obviamente um derivado do arquétipo materno; assim sendo, quando tentamos investigar o pano de fundo da imagem da Grande Mãe, sob o prisma da psicologia, temos necessariamente de tomar por base de nossa reflexão o arquétipo materno de um modo muito mais genérico. Embora já não seja tão necessária atualmente uma discussão ampla sobre o conceito de arquétipo, não me parece, porém, dispensável fazer algumas observações preliminares a respeito do mesmo. [148]

Em épocas passadas – apesar de existirem opiniões discordantes e tendências de pensamento aristotélicas – não se achava demasiado difícil compreender o pensamento de Platão, de que a ideia é preexistente e supraordenada aos fenômenos em geral. "Arquétipo" nada mais é do que uma [149]

---

38. Excertos retirados de C.G. Jung. *Os arquétipos e o inconsciente coletivo* [OC, 9/1] – 7. ed. Petrópolis: Vozes, 2011, § 148-198, tradução de Maria Luiza Appy e Dora Mariana Ribeiro Ferreira da Silva.

expressão já existente na Antiguidade, sinônimo de "ideia" no sentido platônico. Por exemplo, quando Deus é designado por τὸ ἀρχέτυπον φῶς[39] no *Corpus Hermeticum*, provavelmente datado do século III, expressa-se com isso a ideia de que ele é preexistente ao fenômeno "luz" e imagem primordial supraordenada a toda espécie de luz. Se eu fosse um filósofo daria prosseguimento ao argumento platônico segundo minha hipótese, dizendo: em algum lugar, "em um lugar celeste" existe uma imagem primordial da mãe, preexistente e supraordenada a todo fenômeno do "maternal" (no mais amplo sentido desta palavra). Mas como não sou filósofo e sim um empirista, não posso permitir a mim mesmo a pressuposição de que o meu temperamento peculiar, isto é, minha atitude individual no tocante a problemas intelectuais, tenha validade universal. Tal coisa aparentemente só é aplicável àquele filósofo que supõe serem universais suas disposições e atitudes e não reconhece a sua problematicidade individual, sempre que possível, como condição essencial de sua filosofia. Como empirista devo constatar que há um temperamento para o qual *as ideias são entidades e não somente "nomina"*. Por acaso – quase eu poderia dizer – vivemos atualmente, há cerca de duzentos anos, numa época em que se tornou impopular e até mesmo incompreensível supor que as ideias pudessem ser algo diverso de simples *nomina*. Aquele que ainda pensa anacronicamente a modo de Platão, decepcionar-se-á ao vivenciar que a entidade celeste, isto é, metafísica, da ideia foi relegada à esfera incontrolável da fé e da superstição, compassivamente legada ao poeta. O ponto de vista nominalista "triunfou" mais uma vez sobre o realista na disputa secular dos universais, e a imagem originária volatilizou-se num *flatus vocis*. Essa reviravolta foi

---

39. SCOTT. *Hermetica* I, p. 140; a luz arquetípica.

acompanhada e até certo ponto provocada pela marcante evidência do empirismo, cujas vantagens se impuseram nitidamente à razão. Desde então, a "*ideia*" deixou de ser um *a priori*, adquirindo um caráter secundário e derivado. É óbvio que o nominalismo mais recente também reivindica validade universal, apesar de basear-se num pressuposto determinado pelo temperamento e, portanto, limitado. O teor dessa validade é o seguinte: válido é tudo aquilo que vem de fora, sendo pois verificável. O caso ideal é a constatação pela experiência. A antítese é a seguinte: é válido aquilo que vem de dentro e que portanto não é verificável. É óbvio que este ponto de vista é desesperador. A filosofia natural dos gregos, voltada para a materialidade, combinada com a razão aristotélica, obteve uma vitória tardia, porém significativa, sobre Platão.

Em toda vitória há sempre o germe de uma derrota futura. Mais recentemente têm-se multiplicado os sinais indicativos de uma mudança de ponto de vista. Significativamente, a teoria das categorias de Kant, a qual sufoca já no embrião qualquer tentativa de retomada de uma metafísica em seu sentido antigo, prepara por outro lado um renascimento do espírito platônico: uma vez que não pode haver uma metafísica que ultrapasse a capacidade humana, não existe também qualquer conhecimento empírico, o qual já não esteja aprioristicamente preso e limitado por uma estrutura cognitiva. Nos cento e cinquenta anos transcorridos desde a *Crítica da razão pura*, pouco a pouco foi-se abrindo caminho à intuição de que o pensar, a razão, a compreensão etc., não são processos autônomos, livres de qualquer condicionamento subjetivo, apenas a serviço das eternas leis da lógica, mas sim funções psíquicas agregadas e subordinadas a uma personalidade. A pergunta não é mais se isto ou aquilo foi visto, ouvido, tocado com as mãos, pesado, con-

[150]

tado, pensado e considerado lógico. Mas é: *quem* vê, *quem* ouve, *quem* pensou? Começando com a "equação pessoal" na observação e medida dos menores processos, esta crítica prossegue até a criação de uma psicologia empírica, como nunca foi conhecida antes. Estamos convencidos atualmente de que em todas as áreas do conhecimento há premissas psicológicas, as quais testemunham decisivamente acerca da escolha do material, do método de elaboração, do tipo de conclusões e da formulação de hipóteses e teorias. Até mesmo acreditamos que a personalidade de Kant foi um fator decisivo de sua *Crítica da razão pura*. Não só os filósofos, mas também nossas próprias tendências filosóficas e até mesmo o que chamamos nossas melhores verdades são afetadas, quando não diretamente ameaçadas, pela ideia de uma premissa pessoal. Toda liberdade criativa – exclamamos – nos é desse modo roubada! Será possível que um homem só possa pensar, dizer e fazer o que ele mesmo é?

[151] Contanto que não se caia de novo num exagero, vítimas de um psicologismo desenfreado, trata-se na realidade, segundo me parece, de uma crítica inevitável. Tal crítica é a essência, origem e método da psicologia moderna: *há* um fator apriorístico em todas as atividades humanas, que é a estrutura individual inata da psique, pré-consciente e inconsciente. A psique pré-consciente, como por exemplo a do recém-nascido, não é de modo algum um nada vazio, ao qual, sob circunstâncias favoráveis, tudo pode ser ensinado. Pelo contrário, ela é uma condição prévia tremendamente complicada e rigorosamente determinada para cada indivíduo, que só nos parece um nada escuro, porque não a podemos ver diretamente. No entanto, assim que ocorrem as primeiras manifestações visíveis da vida psíquica, só um cego não veria o caráter individual dessas manifestações, isto é, a personalidade singular. É impossível supor que to-

das essas particularidades sejam criadas só no momento em que aparecem. Se se tratar, por exemplo, de predisposições mórbidas, que já existem nos pais, inferimos uma transmissão hereditária pelo plasma germinal. Não nos ocorreria o pensamento de que a epilepsia do filho de uma mãe epiléptica fosse uma mutação surpreendente. Procedemos do mesmo modo no tocante a talentos, que podem ser rastreados através de gerações. O reaparecimento de comportamentos instintivos complicados em animais que nunca viram seus pais, tendo sido impossível portanto que os mesmos os tivessem "educado", pode ser explicado da mesma maneira.

Hoje em dia devemos partir da hipótese de que o ser humano, na medida em que não constitui uma exceção entre as criaturas, possui, como todo animal, uma psique pré-formada de acordo com sua espécie, a qual revela também traços nítidos de antecedentes familiares, conforme mostra a observação mais acurada. Não temos razão alguma para presumir que certas atividades humanas (funções) constituem exceções a esta regra. Não temos a menor possibilidade de saber como são as disposições ou aptidões que permitem os atos instintivos do animal. Da mesma forma, é impossível conhecer a natureza das disposições psíquicas inconscientes, mediante as quais o homem é capaz de reagir humanamente. Deve tratar-se de formas de função as quais denominamos "imagens". "Imagens" expressam não só a forma da atividade a ser exercida, mas também, simultaneamente, a situação típica na qual se desencadeia a atividade[40]. Tais imagens são "imagens primordiais", uma vez que são peculiares à espécie, e se alguma vez foram "criadas", a sua criação coincide no mínimo com o início da espécie. O típico humano do homem é a forma especificamente hu-

[152]

---

40. Cf. [JUNG] *Instinkt und Unbewusstes* (Instinto e inconsciente).

mana de suas atividades. O típico específico já está contido no germe. A ideia de que ele não é herdado, mas criado de novo em cada ser humano, seria tão absurda quanto a concepção primitiva de que o Sol que nasce pela manhã é diferente daquele que se pôs na véspera.

[153] Uma vez que tudo o que é psíquico é pré-formado, cada uma de suas funções também o é, especialmente as que derivam diretamente das disposições inconscientes. A estas pertence a *fantasia criativa*. Nos produtos da fantasia tornam-se visíveis as "imagens primordiais" e é aqui que o conceito de arquétipo encontra sua aplicação específica. Não é de modo algum mérito meu ter observado esse fato pela primeira vez. As honras pertencem a Platão. O primeiro a pôr em evidência a ocorrência, na área da etnologia, de certas "ideias primordiais" que se encontram em toda parte foi Adolf Bastian. Mais tarde, são dois pesquisadores da Escola de Dürkheim, Hubert e Mauss, que falam de "categorias" próprias da fantasia. A pré-formação inconsciente na figura de um "pensamento inconsciente" foi reconhecida pelo eminente Hermann Usener[41]. Se de algum modo contribuí no tocante a essas descobertas, foi por ter provado que os arquétipos não se difundem por toda parte mediante a simples tradição, linguagem e migração, mas ressurgem espontaneamente em qualquer tempo e lugar, sem a influência de uma transmissão externa.

[154] Não podemos subestimar o alcance dessa constatação, pois ela significa nada menos do que a presença, em cada psique, de disposições vivas inconscientes, nem por isso menos ativas, de formas ou ideias em sentido platônico que instintivamente pré-formam e influenciam seu pensar, sentir e agir.

---

41. USENER. *Das Weinachtsfest*, p. 3.

[155] Sempre deparo de novo com o mal-entendido de que os arquétipos são determinados quanto ao seu conteúdo, ou melhor, são uma espécie de "ideias" inconscientes. Por isso devemos ressaltar mais uma vez que os arquétipos são determinados apenas quanto à forma e não quanto ao conteúdo, e no primeiro caso, de um modo muito limitado. Uma imagem primordial só pode ser determinada quanto ao seu conteúdo, no caso de tornar-se consciente e portanto preenchida com o material da experiência consciente. Sua forma, por outro lado, como já expliquei antes, poderia ser comparada ao sistema axial de um cristal, que pré-forma, de certo modo, sua estrutura no líquido-mãe, apesar de ele próprio não possuir uma existência material. Esta última só aparece através da maneira específica pela qual os íons e depois as moléculas se agregam. O arquétipo é um elemento vazio e formal em si, nada mais sendo do que uma *facultas praeformandi*, uma possibilidade dada *a priori* da forma da sua representação. O que é herdado não são as ideias, mas as formas, as quais sob esse aspecto particular correspondem aos instintos igualmente determinados por sua forma. Provar a essência dos arquétipos em si é uma possibilidade tão remota quanto a de provar a dos instintos, enquanto os mesmos não são postos em ação *in concreto*. No tocante ao caráter determinado da forma, é elucidativa a comparação com a formação do cristal, na medida em que o sistema axial determina apenas a estrutura estereométrica, não porém a forma concreta do cristal particular. Este pode ser grande ou pequeno ou variar de acordo com o desenvolvimento diversificado de seus planos ou da interpenetração recíproca de dois cristais. O que permanece é apenas o sistema axial em suas proporções geométricas, a princípio invariáveis. O mesmo se dá com o arquétipo: a princípio ele pode receber um nome e possui um núcleo de significado invariável, o

qual determina sua aparência, apenas a princípio, mas nunca concretamente. *O modo* pelo qual, por exemplo, o arquétipo da mãe sempre aparece empiricamente, nunca pode ser deduzido só dele mesmo, mas depende de outros fatores.

2. O arquétipo materno

[156] Como todo arquétipo, o materno também possui uma variedade incalculável de aspectos. Menciono apenas algumas das formas mais características: a própria mãe e a avó; a madrasta e a sogra; uma mulher qualquer com a qual nos relacionamos, bem como a ama de leite ou ama-seca, a antepassada e a mulher branca; no sentido da transferência mais elevada, a deusa, especialmente a mãe de Deus, a Virgem (enquanto mãe rejuvenescida, por exemplo Deméter e Core), Sofia (enquanto mãe que é também a amada, eventualmente também o tipo Cibele-Átis, ou enquanto filha-amada – mãe rejuvenescida); a meta da nostalgia da salvação (Paraíso, Reino de Deus, Jerusalém Celeste); em sentido mais amplo, a Igreja, a Universidade, a cidade ou país, o Céu, a Terra, a floresta, o mar e as águas quietas; a matéria, o mundo subterrâneo e a Lua; em sentido mais restrito, como o lugar do nascimento ou da concepção, a terra arada, o jardim, o rochedo, a gruta, a árvore, a fonte, o poço profundo, a pia batismal, a flor como recipiente (rosa e lótus); como círculo mágico (o mandala como padma) ou como cornucópia; em sentido mais restrito ainda, o útero, qualquer forma oca (por exemplo, a porca do parafuso); a yoni; o forno, o caldeirão; enquanto animal, a vaca, o coelho e qualquer animal útil em geral.

[157] Todos estes símbolos podem ter um sentido positivo, favorável, ou negativo e nefasto. Um aspecto ambivalente é a deusa do destino (as Parcas, Greias, Nornas). Símbolos ne-

fastos são bruxa, dragão (ou qualquer animal devorador e que se enrosca como um peixe grande ou uma serpente); o túmulo, o sarcófago, a profundidade da água, a morte, o pesadelo e o pavor infantil (tipo Empusa, Lilith etc.).

Esta enumeração não pretende ser completa. Ela apenas indica os traços essenciais do arquétipo materno. Seus atributos são o "maternal": simplesmente a mágica autoridade do feminino; a sabedoria e a elevação espiritual além da razão; o bondoso, o que cuida, o que sustenta, o que proporciona as condições de crescimento, fertilidade e alimento; o lugar da transformação mágica, do renascimento; o instinto e o impulso favoráveis; o secreto, o oculto, o obscuro, o abissal, o mundo dos mortos, o devorador, sedutor e venenoso, o apavorante e fatal. Estes atributos do arquétipo materno já foram por mim descritos minuciosamente e documentados em meu livro *Símbolos da transformação*. Nesse livro formulei as qualidades opostas desses atributos que correspondem à mãe amorosa e à mãe terrível. O paralelo histórico que nos é mais familiar é, com certeza, Maria, que na alegoria medieval é simultaneamente a cruz de Cristo. Na Índia, seria a Kali contraditória. A filosofia samkhya elaborou o arquétipo materno no conceito de Prakrti, atribuindo-lhe os três gunas como propriedades fundamentais, isto é, bondade, paixão e escuridão – sattwa, rajas, tamas[42]. Trata-se de três aspectos essenciais da mãe, isto é, sua bondade nutritiva e dispensadora de cuidados, sua emocionalidade orgiástica e a sua obscuridade subterrânea. O traço especial na lenda filosófica que mostra Prakrti *dançando* diante de Purusha a fim de lembrá-lo do "conhecimento discriminatório" não

[158]

---

42. Este é o significado etimológico das três gunas. Cf. WECKERLING [org.]. *Das Glück des Lebens. Medizinisches Drama voni Anandarâyamakhî*, p. 21s., e GARBE. *Die Sâmkhya-Philosophie*, p. 272s.

pertence diretamente à mãe, mas ao arquétipo da anima. Este último se mistura imediata e invariavelmente com a imagem da mãe na psicologia masculina.

[159] Embora a figura da mãe, tal como aparece na psicologia dos povos, seja de certo modo universal, sua imagem muda substancialmente na experiência prática individual. Aqui o que impressiona antes de tudo é o significado aparentemente predominante da mãe pessoal. Essa figura sobressai de tal modo em uma psicologia personalista que esta última, como é sabido, jamais conseguiu ir além da mãe pessoal, seja em suas concepções ou mesmo teoricamente. Para ir diretamente ao assunto, a minha concepção difere da teoria psicanalítica em princípio, pelo fato de que atribuo à mãe pessoal um significado mais limitado. Isto significa que não é apenas da mãe pessoal que provêm todas as influências sobre a psique infantil descritas na literatura, mas é muito mais o arquétipo projetado na mãe que outorga à mesma um caráter mitológico e com isso lhe confere autoridade e até mesmo numinosidade[43]. Os efeitos etiológicos, isto é, traumáticos da mãe devem ser divididos em dois grupos: primeiro, os que correspondem à qualidade característica ou atitudes realmente existentes na mãe pessoal. Segundo, os que só aparentemente possuem tais características, uma vez que se trata de projeções de tipo fantasioso (quer dizer, arquetípico) por parte da criança. O próprio Freud já reconhecia que a verdadeira etiologia das neuroses não tinha suas raízes, como a princípio supunha, em efeitos traumáticos, mas principalmente num desenvolvimento peculiar da fantasia infantil. É inegável a possibilidade de que um

---

43. A psicologia americana nos fornece uma grande quantidade de exemplos neste sentido. *Generation of Vipers* de Wylie constitui uma verdadeira sátira acerca disso, mas com intenções educativas.

tal desenvolvimento possa ser atribuído às influências perturbadoras da mãe. Por isso, procuro antes de mais nada na mãe o fundamento das neuroses infantis, na medida em que sei por experiência que é muito mais provável uma criança desenvolver-se de um modo normal do que neuroticamente e que na maioria dos casos podemos rastrear as causas definitivas de distúrbios nos pais e, principalmente, na mãe. Os conteúdos das fantasias anormais só podem referir-se parcialmente à mãe pessoal uma vez que frequentemente eles aludem de modo claro e inequívoco a coisas que ultrapassam o que se poderia atribuir a uma mãe real. Isto principalmente quando se trata de imagens declaradamente mitológicas, tal como ocorre muitas vezes com fobias infantis, em que a mãe aparece sob a forma de um animal, de uma bruxa, fantasma, canibal, hermafrodita e coisas deste tipo. Mas como as fantasias nem sempre são manifestamente mitológicas ou, se o forem, não provêm necessariamente de um pressuposto inconsciente, podendo originar-se em contos de fada, em observações casuais etc., é recomendável fazer uma cuidadosa investigação em cada caso. Por razões práticas, tal investigação não pode ser levada a cabo tão facilmente nas crianças como nos adultos, os quais geralmente transferem suas fantasias para o médico durante a terapia, encontrando-se estas, portanto, em estado de projeção.

Não basta então reconhecê-las e depois descartá-las como algo ridículo – pelo menos definitivamente – pois os arquétipos constituem um bem inalienável de toda psique, "sendo o tesouro no campo dos pensamentos obscuros", no dizer de Kant, vastamente documentado por inúmeros temas do folclore. Um arquétipo, por sua natureza, não é de modo algum um preconceito simplesmente irritante. Ele só o é quando não está em seu devido lugar. Pertence aos mais supremos valores da alma humana, tendo por isso povoado

[160]

os Olimpos de todas as religiões. Descartá-lo como algo insignificante representa realmente uma perda. Trata-se muito mais, por conseguinte, de solucionar essas projeções, a fim de restituir os seus conteúdos àquele que os perdeu por tê-los projetado fora de si, espontaneamente.

3. O complexo materno

[161] O arquétipo materno é a base do chamado complexo materno. É uma questão em aberto saber se tal complexo pode ocorrer sem uma participação causal da mãe passível de comprovação. Segundo minha experiência, parece-me que a mãe sempre está ativamente presente na origem da perturbação, particularmente em neuroses infantis ou naquelas cuja etiologia recua até a primeira infância. Em todo caso, é a esfera instintiva da criança que se encontra perturbada, constelando assim arquétipos que se interpõem entre a criança e a mãe como um elemento estranho, muitas vezes causando angústia. Quando os filhos de uma mãe superprotetora, por exemplo, sonham com frequência que ela é um animal feroz ou uma bruxa, tal vivência produz uma cisão na alma infantil e consequentemente a possibilidade da neurose.

A. *O complexo materno do filho*

[162] Os efeitos do complexo materno diferem segundo ocorrerem no filho ou na filha. Efeitos típicos no filho são o homossexualismo, o dom-juanismo e eventualmente também a impotência[44]. No homossexualismo o componente heterossexual fica preso à figura da mãe de modo inconsciente;

---

44. O complexo paterno desempenha aqui um papel considerável.

no dom-juanismo, a mãe é procurada inconscientemente "em cada mulher". Os efeitos do complexo materno sobre o filho são representados pela ideologia do tipo Cibele-Átis: autocastração, loucura e morte prematura. O complexo materno no filho não é puro, na medida em que existe uma dessemelhança quanto ao sexo. Essa diferença é a razão pela qual em cada complexo materno masculino, ao lado do arquétipo materno, a anima do parceiro sexual masculino desempenha um papel importante. A mãe é o primeiro ser feminino com o qual o futuro homem entra em contato e ela não pode deixar de aludir, direta ou indiretamente, grosseira ou delicadamente, consciente ou inconscientemente à masculinidade do filho, tal como este último toma consciência gradual da feminilidade da mãe ou pelo menos responde de forma inconsciente e instintiva a ela. No filho, as simples relações da identidade ou de resistência no tocante à diferenciação são continuamente atravessadas pelos fatores de atração ou repulsa erótica. Assim sendo, o quadro torna-se substancialmente complicado. Mas não pretendo afirmar que devido a isso o complexo materno do filho deva ser tomado mais a sério do que o da filha. Na pesquisa desses fenômenos anímicos complexos ainda estamos em estado incipiente, no estágio do trabalho pioneiro. As comparações só podem ser feitas quando dispomos de dados estatísticos. Estes porém ainda não existem.

Só no caso da filha o complexo materno é mais puro e sem complicações. Trata-se nele, por um lado, de uma intensificação dos instintos femininos provindos da mãe, e, por outro, de um enfraquecimento e até mesmo de uma extinção dos mesmos. No primeiro caso, a preponderância do mundo instintivo provoca uma inconsciência na filha de sua personalidade; no segundo caso desenvolve-se uma projeção dos instintos sobre a mãe. Por ora, devemos con-

[163]

tentar-nos com a constatação de que o complexo materno na filha, ou estimula efetivamente o instinto feminino, ou o inibe na mesma proporção; no filho, porém, o instinto masculino é lesado por uma sexualização anormal.

[164] Uma vez que "complexo materno" é um conceito da psicopatologia, ele vem sempre associado à ideia de dano e sofrimento. No entanto, se o tirarmos desse quadro patológico demasiado estreito, dando-lhe uma conotação mais ampla e abrangente, poderemos fazer menção também de sua influência positiva: no filho, produz-se, além do homossexualismo ou em lugar dele, uma diferenciação do eros[45] (algo neste sentido é sugerido no *Simpósio* de Platão); ou então um desenvolvimento do bom gosto e da estética, fomentados pela presença de um certo elemento feminino; podem ainda ocorrer dons de educador aperfeiçoados pela intuição e tato femininos ou um espírito histórico conservador no bom sentido que preserva cuidadosamente todos os valores do passado. Pode ocorrer um sentido especial de amizade que tece laços extremamente delicados entre almas masculinas, e até resgata a amizade entre os sexos da condenação ao limbo da impossibilidade. Pode produzir uma riqueza do sentimento religioso, que ajuda a tornar realidade uma *ecclesia spiritualis*, e enfim uma receptividade espiritual que acolhe a Revelação.

[165] O que é dom-juanismo negativo pode significar uma masculinidade arrojada, uma ambição por metas supremas, em seu aspecto positivo; além de uma violência frente a toda estupidez, obstinação, injustiça e preguiça, uma prontidão para sacrificar-se pelo que reconhece como correto tocando as raias do heroísmo; perseverança, inflexibilidade e tenaz força de vontade; uma curiosidade que não se assusta

---

45. *Psicologia do inconsciente*, § 16s.: "A teoria do eros".

diante dos enigmas do mundo; e, finalmente, um espírito revolucionário, que constrói uma nova morada para seus semelhantes ou renova a face do mundo.

Todas essas possibilidades estão refletidas nos mitologemas que já citei como aspectos do arquétipo materno. Uma vez que já tratei numa série de escritos do complexo materno do filho, inclusive a complicação da anima, quero relegar a psicologia masculina ao pano de fundo nesta conferência, cujo tema é o arquétipo da mãe. [166]

B. *O complexo materno da filha*

a. A hipertrofia do aspecto maternal

Há pouco observamos que o complexo materno[46] na filha gera uma hipertrofia do feminino ou então uma atrofia do mesmo. A exacerbação do feminino significa uma intensificação de todos os instintos femininos, e em primeiro lugar do instinto materno. O aspecto negativo desta é representado por uma mulher cuja única meta é parir. O homem, para ela, é manifestamente algo secundário; é essencialmente o instrumento de procriação, classificado como um objeto a ser cuidado entre as crianças, parentes pobres, gatos, galinhas e móveis. A sua própria personalidade também é de importância secundária; frequentemente [167]

---

46. Neste capítulo apresento uma série de "tipos" de complexo materno, sem com isso formular experiências terapêuticas. "Tipos" não são casos individuais, o que toda pessoa culta deveria saber. "Tipos" também não são um esquema inventado, dentro do qual todos os casos que se apresentam têm que se adaptar. "Tipo" é uma construção ideal, um meio-termo tirado da experiência, com o qual um caso individual jamais se identifica. Pessoas que tiram sua experiência unicamente de livros ou de laboratórios psicológicos não podem ter uma ideia exata do que seja a experiência psicológica do médico.

ela é mais ou menos inconsciente, pois a vida é vivida nos outros e através dos outros, na medida em que, devido à inconsciência da própria personalidade, ela se identifica com eles. Primeiro, ela leva os filhos no ventre, depois se apega a eles, pois sem os mesmos não possui nenhuma razão de ser. Tal como Deméter extorque dos deuses um direito de propriedade sobre a filha. Seu eros desenvolve-se exclusivamente como relação materna, permanecendo no entanto inconsciente enquanto relação pessoal. Um eros inconsciente sempre se manifesta sob a forma de poder[47], razão pela qual este tipo de mulher, embora sempre parecendo sacrificar-se pelos outros, na realidade é incapaz de um verdadeiro sacrifício. Seu instinto materno impõe-se brutalmente até conseguir o aniquilamento da própria personalidade e da de seus filhos. Quanto mais inconsciente de sua personalidade for uma mãe deste tipo, tanto maior e mais violenta será sua vontade de poder inconsciente. No caso deste arquétipo não são poucas as vezes em que o símbolo adequado não é Deméter, mas Baubo. O intelecto não é cultivado, mas permanece em geral sob a forma de sua disposição originária, isto é, em sua forma natural primitiva, incapaz de relacionar-se, violento, mas também tão verdadeiro e às vezes tão profundo como a própria natureza[48]. Ela própria não o sabe, sendo por isso incapaz de apreciar a graça de seu intelecto ou de admirar filosoficamente sua profundidade; pode até mesmo esquecer o que acabou de dizer.

---

47. Esta frase baseia-se na reiterada experiência de que, onde falta amor, o poder ocupa o espaço vazio.

48. O termo que utilizei para definir tal coisa em meus seminários ingleses foi *natural mind*.

b. Exacerbação do eros

O complexo causado na filha por uma mãe deste tipo não é necessariamente um resultado da hipertrofia do instinto materno. Pelo contrário, pode ocorrer que na filha haja uma extinção completa desse instinto. Em lugar disso, ela apresenta uma exacerbação do eros que leva quase invariavelmente a uma relação incestuosa com o pai[49]. O eros exacerbado provoca uma ênfase anormal sobre a personalidade do outro. O ciúme da mãe e a necessidade de sobrepujá-la tornam-se os motivos preponderantes de empreendimentos futuros, muitas vezes desastrosos. Uma mulher deste tipo gosta de relações apaixonadas e sensacionais por elas mesmas, e se interessa por homens casados, não por eles, mas pelo fato de serem casados, o que lhe dá a oportunidade de perturbar um casamento, objetivo principal da sua manobra. Uma vez alcançado seu objetivo, o interesse se esvai por falta de instinto materno e a história continua com outro[50]. Este tipo feminino se caracteriza por uma notável inconsciência. Tais mulheres ficam totalmente cegas no tocante às suas ações[51], o que não é nada vantajoso nem para as pessoas envolvidas, nem para elas mesmas. Não é necessário ressaltar que, para homens de eros indolente, este tipo de mulher oferece uma ótima oportunidade para a projeção da anima.

[168]

---

49. Neste caso a iniciativa é da filha. Em outros casos a psicologia do pai (projeção da anima) produz uma ligação incestuosa na filha.
50. Aqui este tipo se diferencia do seu similar, o complexo feminino do pai, caso em que ao contrário o "pai" é cuidado e mimado.
51. Isso não quer dizer que, para elas, os fatos sejam inconscientes, apenas seu significado o é.

c. Identificação com a mãe

[169]   Se não ocorrer uma exacerbação do eros no complexo materno feminino, produzir-se-á uma identificação com a mãe e um bloqueio da própria iniciativa feminina. Dá-se então uma projeção da personalidade da filha sobre a mãe, em virtude da inconsciência de seu mundo instintivo materno e de seu eros. Tudo o que nessas mulheres lembra maternidade, responsabilidade, vínculo pessoal e necessidade erótica suscita sentimentos de inferioridade, e as obriga a fugir naturalmente para a mãe, a qual vive tudo aquilo que as filhas consideram inatingível, digno de uma superpersonalidade: a mãe. Involuntariamente admirada pela filha, a mãe vive tudo antecipadamente em seu lugar. A filha contenta-se em depender da mãe, de um modo desinteressado e inconscientemente ela se esforça contra sua vontade a ascender pouco a pouco a uma posição de tirana da própria mãe, no início sob a máscara da mais perfeita lealdade e devoção. Ela vive uma existência de sombra, muitas vezes visivelmente sugada pela mãe, cuja vida ela prolonga como que através de uma permanente transfusão de sangue. Tais virgens exangues não são imunes ao casamento. Pelo contrário, apesar de sua qualidade de sombra e de sua apatia, ou justamente por causa disso, elas são altamente cotadas no mercado do casamento. São de tal forma vazias que um homem pode nelas enxergar o que bem entender; além disso, são tão inconscientes que seu inconsciente estende inumeras antenas, para não dizer tentáculos de pólipos invisíveis que captam todas as projeções masculinas, para a grande satisfação dos homens. Tamanha indefinição feminina é a contraface almejada de uma definição masculina inequívoca, a qual só pode ser estabelecida de uma forma algo satisfatória quando há condições de empurrar tudo o que é

duvidoso, ambíguo, indefinido, obscuro para a projeção sobre uma encantadora inocência femina[52]. Devido à característica de apatia e de sentimentos de inferioridade, os quais sempre simulam uma inocência ofendida, cabe ao homem o papel privilegiado de poder suportar essas conhecidas fraquezas femininas, com a magnanimidade e superioridade cavalheiresca. (Felizmente ele ignora que essas fraquezas são, em grande parte, suas próprias projeções.) Esse notório desamparo da jovem exerce sobre ele uma atração especial. Ela é de tal forma um apêndice da mãe que já não sabe o que lhe acontece quando um homem aparece por perto. Ela é tão inexperiente e necessitada de ajuda que até mesmo o mais meigo dos pastores de ovelhas se transforma num arrojado raptor de mulheres, prestes a arrebatar traiçoeiramente de uma mãe amorosa sua filha. Esta grande oportunidade de poder ser uma vez na vida um grande espertalhão não ocorre todos os dias, representando para ele um forte incentivo. Foi assim que Plutão raptou Perséfone da inconsolável Deméter, mas por um decreto dos deuses teve que ceder sua mulher para a sogra, a cada verão. (O leitor atento perceberá que tais lendas não surgem "por acaso"!)

d. Defesa contra a mãe

Os três tipos extremos que acabamos de descrever são ligados entre si por muitos estágios intermediários, entre os quais quero mencionar apenas o principal. Trata-se, neste tipo intermediário, menos de uma exacerbação ou bloqueio dos instintos femininos do que de uma defesa contra a supremacia da mãe que prevalece sobre todo o resto. Este caso

[170]

---

52. Esse tipo de mulher tem um efeito estranhamente aliviador sobre o marido, mas só enquanto este não descobre *com quem* se casou e *quem* dorme com ele na cama, isto é, a sogra.

é o exemplo típico do complexo materno negativo. Seu lema é: qualquer coisa menos ser como a mãe! Trata-se, por um lado, de um fascínio que no entanto nunca se torna uma identificação, e, por outro, de uma exacerbação do eros que se esgota porém numa resistência ciumenta contra a mãe. Tal filha sabe tudo o que *não* quer, mas em geral não tem clareza acerca do que imagina ser seu próprio destino. Seus instintos concentram-se na mãe, sob a forma de defesa, não se prestando pois à construção de sua própria vida. Se, apesar disso, ela casar-se por acaso, seu casamento serve apenas para livrar-se da mãe ou então o destino lhe impinge um marido com traços de caráter semelhantes ao da mãe. Todos os processos e necessidades instintivos encontram dificuldades inesperadas; a sexualidade não funciona ou os filhos não são bem-vindos, ou os deveres maternos lhe parecem insuportáveis, ou ainda as exigências da vida conjugal são recebidas com irritação e impaciência. De certa forma, tudo isso não pertence às realidades essenciais da vida, uma vez que seu fim último é constituído unicamente pela defesa persistente contra o poder materno. Em tais casos, podemos ver em todos os seus detalhes os atributos do arquétipo materno. Por exemplo, *a mãe enquanto família*, ou clã, produz uma violenta resistência ou falta de interesse por tudo o que representa família, comunidade, sociedade, convenção etc. A resistência contra a mãe, enquanto *uterus*, manifesta-se muitas vezes através de distúrbios da menstruação, dificuldade de engravidar, horror da gravidez, hemorragias e vômitos durante a gravidez, partos prematuros etc. A mãe enquanto *matéria* provoca impaciência em relação ao objeto, desajeitamento na manipulação de ferramentas e louças, bem como mau gosto no vestir.

[171] A partir da defesa contra a mãe verifica-se ocasionalmente um desenvolvimento espontâneo da inteligência, com o

intuito de criar uma esfera em que a mãe não exista. Esse desenvolvimento resulta das necessidades próprias da filha e não visa homenagear um homem que ela queira impressionar, simulando uma camaradagem espiritual. O propósito é quebrar o poder da mãe através da crítica intelectual e cultura superior, de modo a mostrar-lhe toda a sua estupidez, seus erros lógicos e formação deficiente. O desenvolvimento intelectual é acompanhado de uma emergência de traços masculinos em geral.

4. Os aspectos positivos do complexo materno

A. A mãe

O aspecto positivo do primeiro tipo, ou seja, a exacerbação do instinto materno, refere-se àquela imagem da mãe que tem sido louvada e cantada em todos os tempos e em todas as línguas. Trata-se daquele amor materno que pertence às recordações mais comoventes e inesquecíveis da idade adulta e representa a raiz secreta de todo vir a ser e de toda transformação, o regresso ao lar, o descanso e o fundamento originário, silencioso, de todo início e fim. Intimamente conhecida, estranha como a natureza, amorosamente carinhosa e fatalmente cruel – uma doadora de vida alegre e incansável, uma *mater* dolorosa e o portal obscuro e enigmático que se fecha sobre o morto. Mãe é amor materno, é a *minha* vivência e o *meu* segredo. O que mais podemos dizer daquele ser humano a que se deu o nome de mãe, sem cair no exagero, na insuficiência ou na inadequação e mentira – poderíamos dizer – portadora casual da vivência que encerra ela mesma e a mim, toda humanidade e até mesmo toda criatura viva, que é e desaparece, da vivência da vida de que somos os filhos? No entanto, sempre o fizemos e sempre continuaremos a fazê-lo. Aquele que o sabe e é

[172]

sensível não pode mais sobrecarregar com o peso enorme de significados, responsabilidades e missão no céu e na terra a criatura fraca e falível, digna de amor, de consideração, de compreensão, de perdão que foi nossa mãe. Ele sabe que a mãe é portadora daquela imagem inata em nós da *mater natura* e da *mater spiritualis*, da amplitude total da vida à qual somos confiados quando crianças, e ao mesmo tempo abandonados. Ele também não pode ter dúvida alguma em libertar a mãe humana dessa carga assustadora, pelo respeito que deve a ela e a si mesmo. É precisamente este peso de significados que nos prende à mãe e acorrenta esta ao filho para a ruína anímica e física de ambos. Nenhum complexo materno é resolvido, reduzindo-o unilateralmente à mãe em sua medida humana; é preciso retificá-la de certa forma. Corre-se desta forma o perigo de decompor em átomos também a vivência da "mãe", destruindo assim um valor supremo e atirando fora a chave de ouro que uma boa fada havia colocado em nosso berço. Por isso o homem sempre associou instintivamente aos pais (pai e mãe) o casal divino preexistente na figura do *godfather* e *godmother* do recém-nascido, a fim de que este último nunca se esqueça, quer por inconsciência, quer por um racionalismo míope, de conferir aos pais um caráter divino.

[173] O arquétipo é a princípio muito menos um problema científico do que uma questão importantíssima da higiene anímica. Mesmo que nos faltassem todas as provas da existência dos arquétipos, e mesmo que todas as pessoas inteligentes nos provassem convincentemente de que os mesmos não podem existir, teríamos que inventá-los para impedir que os nossos valores mais elevados e naturais submergissem no inconsciente. Se estes valores caírem no inconsciente, toda a força elementar das vivências originárias desaparecerão com eles. Em seu lugar, surgiria a fixação na

imago materna, e, depois que essa fosse devidamente racionalizada, ficaríamos completamente presos à *ratio* humana e, a partir daí, condenados a acreditar exclusivamente no racional. Por um lado, isto é uma virtude e uma vantagem; por outro, uma limitação e um empobrecimento, porque assim nos aproximamos do vazio do doutrinarismo e do "iluminismo". Essa *Déese Raison* espalha uma luz ilusória, que só ilumina o que já sabemos e oculta na escuridão o que seria necessário conhecer e conscientizar. Quanto mais independente for o comportamento do entendimento, tanto mais este se torna puro intelecto, colocando opiniões doutrinárias em lugar da realidade, enxergando não o homem como ele é, mas uma imagem ilusória do mesmo.

Quer o homem compreenda ou não o mundo dos arquétipos, deverá permanecer consciente do mesmo, pois nele o homem ainda é natureza e está conectado com suas raízes. Uma visão de mundo ou uma ordem social que cinde o homem das imagens primordiais da vida não só não constitui uma cultura, como se transforma cada vez mais numa prisão ou num curral. Se as imagens originárias permanecerem de algum modo conscientes, a energia que lhes corresponde poderá fluir no homem. Quando não for mais possível manter a conexão com elas, a energia que nelas se expressa, causando o fascínio subjacente ao complexo parental infantil, retorna ao inconsciente. Desta forma, o inconsciente recebe uma inesistível carga de energia que atua quase como uma *vis a ergo* de qualquer ponto de vista ou tendência que nosso intelecto possa apresentar como meta à nossa *concupiscentia*. Deste modo o homem fica irremediavelmente à mercê de sua consciência e de seus conceitos racionais no tocante àquilo que é certo ou errado. Longe de mim desvalorizar o dom divino da razão, esta suprema faculdade humana. Mas como senhora absoluta ela não tem

[174]

sentido, tal como não tem sentido a luz num mundo em que está ausente seu oposto, a obscuridade. O homem deveria dar atenção ao sábio conselho da mãe e obedecer à lei inexorável da natureza que delimita todo ser. Jamais deveria esquecer que o mundo existe porque os seus opostos são mantidos em equilíbrio. O racional é contrabalançado pelo irracional e aquilo que se planeja, pelo que é dado.

[175] Esta incursão no campo das generalidades foi provavelmente inevitável, pois a mãe é o primeiro mundo da criança e o último mundo do adulto. Todos nós somos envolvidos pelo manto dessa Ísis maior, como seus filhos. Agora, porém, queremos voltar aos nossos tipos do complexo materno feminino. No homem, o complexo materno nunca se encontra em estado "puro", isto é, ele vem sempre misturado ao arquétipo da anima, resultando daí o fato de as afirmações do homem sobre a mãe serem quase sempre emocionais, isto é, preconceituosas, impregnadas de "animosidade". A possibilidade de examinarmos os efeitos do arquétipo da mãe, livre da interferência da "animosidade", só existe na mulher, o que poderá dar certo apenas nos casos em que ainda não se desenvolveu um animus compensatório.

B. *O eros exacerbado*

[176] Vejamos o segundo tipo do complexo materno, isto é, o eros exacerbado. Tracei deste caso um retrato desfavorável, visto que deparamos com ele no âmbito patológico; mas até mesmo este tipo, tão pouco atraente, tem um aspecto positivo de que a sociedade não pode abrir mão. Tomemos o pior efeito desta atitude, ou seja, a pouco escrupulosa destruição de casamentos. Veremos então por detrás dela uma ordem da natureza, cheia de sentido e propósito. Este tipo resulta frequentemente, como já dissemos, de uma reação a

uma mãe puramente física e instintiva e, por isso, devoradora. Tal mãe é um anacronismo, um retrocesso a um matriarcado sombrio, onde o homem leva uma existência insípida como simples fecundador e servidor no campo a ser arado. A reação da filha, através da exacerbação do eros, tem em mira o homem que deve ser resgatado da preponderância do materno-feminino. Tal filha intrometer-se-á sempre, instintivamente, quando for provocada pela inconsciência do cônjuge. Ele perturba a perigosa acomodação tão problemática para a personalidade masculina, que ele interpreta como fidelidade. Este comodismo leva à inconsciência da própria personalidade e aqueles matrimônios supostamente ideais em que o homem nada mais é do que o papai e ela, a mamãe, e em que o casal assim se chama entre si. Este caminho é difícil e facilmente rebaixa o casamento a uma identidade inconsciente dos cônjuges.

A mulher, cujo tipo está sendo comentado, fulmina com o raio quente do seu eros um homem que vive à sombra do materno assim provocando um conflito moral. Sem conflito, porém, não há consciência da "personalidade". "Mas por que", perguntar-se-á, "deve o homem atingir, *à tort e à travers*, uma consciência superior?" Tal pergunta acerta na mosca o problema, e a resposta a ela é algo difícil. Em lugar de uma verdadeira resposta, só posso confessar uma espécie de crença: parece-me que alguém afinal deveria ter sabido nos milhares de milhões de anos que este mundo maravilhoso das montanhas, mares, sóis, luas, da Via Láctea, das nebulosas, plantas e animais *existe*. Quando estive nas planícies Athi da África Oriental e de pé num pequeno morro contemplava os rebanhos selvagens de muitos milhares de cabeças a pastar no mais absoluto silêncio, tal como sempre fizeram desde tempos imemoriais, tive a sensação de ser o primeiro homem, o primeiro e único ser que sabia que

[177]

tudo aquilo *existe*. Todo aquele mundo ao meu redor ainda permanecia no silêncio do início e não sabia do seu existir. Nesse preciso momento em que eu soube, o mundo passou a existir, e sem este momento ele jamais teria existido. Toda a natureza procura essa finalidade e a encontra plenificada no ser humano, e isso apenas no homem mais consciente. Qualquer passo à frente, por pequeno que seja, na trilha da tomada de consciência, cria o mundo.

[178] Não existe consciência sem diferenciação de opostos. É o princípio paterno do Logos que, em luta interminável, se desvencilha do calor e da escuridão primordiais do colo materno, ou seja, da inconsciência. Sem temer qualquer conflito, qualquer sofrimento, qualquer pecado, a curiosidade divina almeja por nascer. A inconsciência é o pecado primeiro, o próprio mal para o Logos. O seu ato de criação libertadora do mundo porém é matricida, e o espírito que ousava enfrentar todas as alturas e profundidades também deve sofrer os castigos divinos, como dizia Sinésio, o acorrentamento ao rochedo do Cáucaso. Nem o princípio materno nem o paterno podem existir sem o seu oposto, pois ambos eram um só no início e tornar-se-ão um só no fim. A consciência só pode existir através do permanente reconhecimento e respeito do inconsciente: toda vida tem que passar por muitas mortes.

[179] A provocação do conflito é uma virtude luciferina, no sentido próprio da palavra. O conflito gera o fogo dos afetos e emoções e, como todo fogo, este também tem dois aspectos, ou seja, o da convulsão e o da geração da luz. A emoção é por um lado o fogo alquímico, cujo calor traz tudo à existência e queima todo o supérfluo (*omnes superfluitates comburit*). Por outro lado a emoção é aquele momento em que o aço ao golpear a pedra produz uma faísca: emoção é a fonte principal de toda tomada de consciência.

Não há transformação de escuridão em luz, nem de inércia em movimento sem emoção.

A mulher, cujo destino é ser um elemento de perturbação, só em casos patológicos é exclusivamente destrutiva. Normalmente, ela própria, enquanto elemento perturbador, é perturbada; como elemento transformador, ela mesma se transforma e o clarão do fogo que acende ilumina e clareia todas as vítimas da confusão. O que parecia ser uma perturbação sem sentido torna-se processo de purificação – "*dass ja das Nichtige Alles verflüchtige*"[53] – para que o insignificante volatilize todas as coisas.

Se esse tipo de mulher permanecer inconsciente de sua função, isto é, se não souber que é parte "daquela força que sempre quer o mal, mas cria o bem"[54], perecerá pela espada que traz consigo. A consciência, porém, a transforma em libertadora e redentora.

C. A apenas-filha

A mulher do terceiro tipo, isto é, a que se identifica com a mãe[55], pela paralisação dos próprios instintos, não será necessariamente uma nulidade sem esperança. Normalmente há pelo contrário a possibilidade de que, mediante uma projeção intensa da anima, se encha o recipiente vazio. Disto depende esta mulher: sem o homem, ela não consegue nem de longe chegar a si mesma; deverá ser literalmente raptada da mãe. Além disso, terá de desempenhar por um longo período de tempo, com o maior esforço, o papel que lhe cabe, até o limite de suas forças. Assim ela talvez conse-

---

53. *Fausto*, Segunda parte, Despenhadeiro.
54. Op. cit., Primeira parte, Sala de estudos.
55. Causada pela projeção dos instintos.

guirá descobrir quem é. Tais mulheres podem ser esposas capazes dos maiores sacrifícios por homens que existem unicamente através de sua identificação com uma profissão ou um dom, mas que de resto são e permanecem inconscientes. Como eles mesmos só representam uma máscara, a mulher deverá ter condições de desempenhar o papel secundário com alguma naturalidade. Essas mulheres também podem possuir dons valiosos, que só não foram desenvolvidos porque a própria personalidade ficou totalmente inconsciente. Neste caso, ocorre uma projeção de seu dom no marido, o qual, não o tendo, faz-nos ver, repentinamente, como um homem insignificante e até improvável é elevado, como que por um tapete mágico, aos cumes mais elevados. *Cherchez la femme*, e encontramos a chave do segredo desse sucesso. Tais mulheres lembram-me – desculpem-me a comparação grosseira – aquelas cadelas enormes e fortes que fogem apavoradas do menor vira-lata, simplesmente porque ele é um macho temível e nem lhes passa pela cabeça que elas podem mordê-lo.

[183]   Mas, afinal, o *vazio* é um grande segredo feminino, é o absolutamente estranho ao homem, o oco, o outro abissal, o yin. Infelizmente essa nulidade que suscita compaixão (eu falo aqui como homem) é – quase eu diria assim – o mistério poderoso da inacessibilidade do feminino. Uma tal mulher é pura e simplesmente destino. Um homem pode declarar-se contra ou a favor disso, ou não dizer nada, ou achar ambas as coisas e cair, por fim, nesse buraco, insensata e prazerosamente, ou ele perdeu e desperdiçou a única possibilidade de apropriar-se de sua masculinidade. Não se pode convencer o primeiro de sua tola felicidade, sem tornar plausível, ao segundo, sua desgraça. "As Mães! Mães!

Como isso soa estranho!"[56] Com esse lamento que sela a capitulação do homem nas fronteiras do reino do materno, passemos ao quarto tipo.

D. *O complexo materno negativo*

Como fenômeno patológico este tipo de mulher é uma companheira desagradável, exigente, pouco satisfatória para o homem, uma vez que todo o seu ímpeto é um rebelar-se contra o que brota do fundo originário natural. No entanto, uma experiência de vida maior poderá ensinar-lhe talvez algo melhor, de modo que ela renuncie a combater a mãe no sentido pessoal e mais restrito. No melhor dos casos ela será inimiga de tudo o que é obscuro, pouco claro e ambíguo, preferindo colocar em primeiro plano o que é seguro, nítido e razoável. Ela superará sua irmã feminina no tocante à objetividade e clareza de julgamento, podendo tornar-se a amiga, a irmã ou a conselheira competente de seu marido. Habilitam-na para isso suas aspirações masculinas, que tornam possível uma compreensão humana da individualidade do marido que nada tem a ver com o erotismo. De todas as formas de complexo materno é na segunda metade da vida que ela tem as possibilidades de ser bem-sucedida no casamento, mas isso só depois de sair vencedora do inferno do apenas-feminino, do caos do útero materno que (devido ao complexo negativo) é sua maior ameaça. Um complexo só é realmente superado quando a vida o esgota até o fim. Aquilo que afastamos de nós devido ao complexo, deveremos tragá-lo junto com a borra, se quisermos desvencilhar-nos dele.

[184]

---

56. [*Fausto*, Segunda parte, Galeria escura.]

[185]   Este tipo de mulher aproxima-se do mundo desviando o rosto, tal como a mulher de Ló, o olhar voltado para Sodoma e Gomorra. Nesse ínterim, a vida passa por ela como um sonho, uma fonte enfadonha de ilusões, desapontamentos e irritações, que repousam unicamente em sua incapacidade de olhar para frente. Assim sua vida se torna o que mais combate, isto é, o apenas-materno-feminino, devido à sua atitude apenas inconsciente e reativa para com a realidade. Olhar para frente, porém, faz com que o mundo se abra para ela pela primeira vez na clara luz da maturidade, embelezada pelas cores e todos os maravilhosos encantos da juventude e, às vezes, até da infância. Olhar significa o conhecimento e descoberta da verdade que representa a condição indispensável da consciência. Uma parte da vida foi perdida, o sentido da vida, porém, está salvo.

[186]   A mulher que combate o pai continua tendo a possibilidade da vida instintivo-feminina, pois só rejeita o que lhe é estranho. Mas, quando combate a mãe, ela pode atingir uma consciência mais elevada, arriscando-se a lesar o mundo instintivo, pois ao negar a mãe ela também repudia tudo o que é obscuro, instintivo, ambíguo, inconsciente de seu próprio ser. Graças à sua lucidez, objetividade e masculinidade, este tipo de mulher é encontrado frequentemente ocupando cargos importantes, em que sua feminilidade materna, tardiamente descoberta, conduzida por uma inteligência fria, desenvolve uma eficiência propícia. Não é apenas exteriormente que se constata essa rara combinação de feminilidade e inteligência masculina, mas também no âmbito da intimidade anímica. Ela pode exercer um papel influente, oculto para o mundo externo, como *spiritus rector* invisível, sendo guia espiritual e conselheira de um homem. Graças às suas qualidades, ela é mais transparente para o homem do que outros tipos femininos de complexo materno, e por esta ra-

zão ela é alvo de projeções de complexos maternos positivos por parte do mundo masculino. A mulher excessivamente feminina aterroriza um certo tipo de homem que tem um complexo materno caracterizado por grande sensibilidade. O homem não se assusta diante dessa mulher porque ela constrói pontes para o espírito masculino, pelas quais ele pode levar os seus sentimentos com segurança para a outra margem. Sua inteligência bem articulada inspira confiança ao homem, elemento que não deve ser menosprezado e que falta na relação homem-mulher muito mais frequentemente do que se imagina. O eros do homem não leva unicamente para cima, mas também para baixo, àquele mundo sinistro e escuro de uma Hécate e de uma Kali, horror de todo homem espiritual. A inteligência dessa mulher será uma estrela para ele na escuridão desesperadora dos caminhos aparentemente equivocados e infindáveis da vida.

5. Resumo

Do que acabamos de dizer deveria ficar claro que o que é expresso na mitologia, bem como os efeitos do complexo materno, quando despidos de sua multiplicidade casuística, se refere ao inconsciente. Como poderia ter ocorrido ao homem a ideia de dividir o cosmos, baseando-se na analogia de dia e noite, verão e inverno, num mundo luminoso diurno e um mundo obscuro noturno, cheio de entes fabulosos, se não tivesse encontrado em si mesmo um modelo para isso na própria consciência e no inconsciente atuante, embora invisível, isto é, incognoscível? A percepção originária dos objetos provém só parcialmente do comportamento objetivo das coisas, mas em sua maior parte de fatos intrapsíquicos, os quais têm relação com as coisas apenas mediante a projeção. Isto é devido ao fato de que o primitivo

[187]

ainda não experienciou a ascese do espírito, ou seja, a crítica do conhecimento, mas apreende o mundo como um fenômeno global, de modo ainda crepuscular, dentro do fluxo das fantasias que o habitam, em que o subjetivo e o objetivo se interpenetram mutuamente de forma indiferenciada. "Tudo o que está fora também está dentro", poderíamos dizer com Goethe[57]. O "dentro", que o racionalismo moderno pretende derivar do "fora", tem sua estrutura própria que precede toda experiência consciente como um *a priori*. É praticamente impossível imaginar como as experiências, no mais amplo sentido da palavra, bem como o psíquico de um modo geral, poderiam provir exclusivamente de algo externo. A psique pertence ao segredo da vida mais íntima e, tal como tudo o que vive organicamente, tem uma estrutura e forma peculiares. Saber se a estrutura anímica e seus elementos, isto é, os arquétipos, tiveram uma origem de algum modo, é uma questão metafísica e não comporta por isso uma resposta. A estrutura é aquilo que sempre é dado, isto é, o que sempre preexistiu, isto é, a condição prévia. É a *mãe*, a *forma* em que toda a vivência está contida. Em contraposição a ela, o *pai* representa a *dinâmica* do arquétipo, porque este último é as duas coisas: forma e energia.

[188] A portadora do arquétipo é, em primeiro lugar, a mãe pessoal porque a criança vive inicialmente num estado de participação exclusiva, isto é, numa identificação inconsciente com ela. A mãe não é apenas a condição prévia física, mas também psíquica da criança. Com o despertar da consciência do eu, a participação é progressivamente desfeita, e a consciência começa a tornar-se sua própria condição prévia, entrando em oposição ao inconsciente. A partir disto

---

57. ["Nada dentro, nada fora; / Pois o que está dentro, está fora". *Gott und Welt. Epirrhema.*]

o eu começa a diferenciar-se da mãe e sua particularidade pessoal vai-se tornando cada vez mais distinta. Assim todas as qualidades fabulosas e misteriosas desprendem-se da imagem materna, transferindo-se à possibilidade mais próxima, por exemplo, à avó. Como mãe da mãe, ela é "maior" do que esta última. Ela é propriamente a "Grande Mãe". Não raro ela assume os traços da sabedoria, bem como as características da bruxa. Quanto mais o arquétipo se afasta da consciência, mais clara esta se torna e o primeiro assume uma forma mitológica cada vez mais nítida. A passagem da mãe para a avó significa que o arquétipo subiu de categoria. Isto se torna claro, por exemplo, na concepção dos bataks: o sacrifício funerário para o pai é modesto, é comida comum. Mas quando seu filho tem um filho, o pai torna-se avô, conquistando com isso um tipo de dignidade mais elevada no além. Então lhe são oferecidos grandes sacrifícios[58].

Na medida em que aumenta a distância entre consciente e inconsciente, a avó transforma-se em Grande Mãe, subindo de categoria, sendo que muitas vezes os opostos desta imagem se destroçam. Por um lado, nasce uma fada bondosa e, por outro, uma fada má, ou então ainda uma deusa benévola, luminosa e outra perigosa e escura. Na Antiguidade ocidental e principalmente nas culturas orientais muitas vezes os opostos permanecem unificados na mesma imagem, sem que esse paradoxo perturbe a consciência. Da mesma forma que as lendas dos deuses são muitas vezes contraditórias, o caráter moral de suas figuras também o é. Na Antiguidade ocidental o paradoxo e ambiguidade moral dos deuses causava escândalo e provocava uma crítica no mesmo sentido, a qual levou por um lado a uma desvalorização da sociedade dos deuses olímpicos e, por outro, deu

[189]

---

58. WARNECK. *Die Religion der Batak.*

ensejo a interpretações filosóficas. A expressão mais clara disso é o conceito do Deus judaico da reforma cristã: Javé, moralmente ambíguo, tornou-se um Deus exclusivamente bom, e, contrapondo-se a ele, o demônio reunia todo o mal em si. Parece que o desenvolvimento crescente do sentimento no homem ocidental forçou aquela decisão que dividia a divindade moral em duas. No Oriente, ao contrário, a atitude predominantemente intuitivo-intelectual não conferiu direitos de decisão aos valores do sentimento, razão pela qual os deuses puderam conservar imperturbado seu paradoxo moral originário. Assim Kali é representativa para o Oriente e a Virgem Maria, para o Ocidente. A segunda perdeu completamente a sombra. Esta caiu no inferno da imaginação popular onde leva uma existência insignificante de "avó do diabo". Graças ao desenvolvimento dos valores do sentimento, o esplendor da divindade clara e bondosa elevou-se a uma altura incomensurável; o obscuro porém que devia ser representado pelo diabo localizou-se no ser humano. Este desenvolvimento peculiar foi causado principalmente pelo fato de o cristianismo, assustado pelo dualismo maniqueísta, procurar a todo custo a preservação do monoteísmo. Uma vez que não se podia negar a realidade do obscuro e do mal, só restava responsabilizar o ser humano por estes últimos. Chegou-se até a eliminar o diabo, o que introjetou no homem esta figura metafísica, que constituía antigamente parte integrante da divindade, de forma a tornar o homem o portador do *mysterium iniquitatis*: "*omne bonum a Deo, omne malum ab homine!*"[59] Este desenvolvimento sofre hoje em dia uma reversão infernal, na medida em que o lobo, sob a pele de cordeiro,

---

59. (Mistério da injustiça [pecado] – Todo o bem [vem de] Deus, todo o mal, do homem.)

anda por aí, sussurrando aos ouvidos de todos que o mal na realidade nada mais é do que um mal-entendido do bem e um instrumento útil do progresso. Crê-se que com isso terminou definitivamente o mundo obscuro, sem pensar no envenenamento anímico do homem ocasionado por isso. Assim o próprio homem se transforma no diabo, pois este é metade de um arquétipo, cujo poder irresistível não impede que o europeu sem fé exclame sem querer "Oh Deus!", em toda ocasião adequada ou inadequada. Se pudermos, jamais devemos identificar-nos com um arquétipo, pois as consequências são assustadoras, conforme revela a psicopatologia e certos acontecimentos contemporâneos.

[190] O Ocidente degradou-se animicamente de tal modo, que precisa negar a essência do poder da alma que o homem não pode sujeitar, nem é passível de sujeição por ele, isto é, a própria divindade, a fim de apoderar-se ainda do bem, além do mal que já tragou. Leia-se atentamente e com crítica psicológica o *Zaratustra* de Nietzsche. Este representou com rara consistência e com a paixão de um homem verdadeiramente religioso a psicologia daquele super-homem cujo Deus está morto; daquele ser humano que se despedaça pelo fato de haver encerrado o paradoxo divino no estojo exíguo do homem mortal. Goethe, o sábio, percebeu "que horror se apodera do super-homem"[60] e assim mereceu o sorriso de superioridade do filisteu da cultura. A sua apoteose da mãe, cuja grandeza abarca a rainha celeste e ao mesmo tempo Maria egipcíaca, significa suprema sabedoria e um sermão de quaresma para o ocidental meditativo. O que poderíamos pretender, porém, numa época em que até os representantes oficiais das religiões cristãs anunciam publicamente sua incapacidade de compreender os fundamen-

---

60. *Fausto*, Primeira parte, Noite. Fala o espírito da terra.

tos da experiência religiosa? Retiro a seguinte frase de um artigo teológico (protestante): "Nós nos consideramos – seja natural ou idealmente – como *seres unitários e não tão divididos, que poderes estranhos pudessem interferir em nossa vida interior*[61], segundo presume o Novo Testamento"[62]. Parece evidente que o autor destas linhas desconhece que a ciência constatou há mais de meio século a labilidade e a possibilidade de dissociação da consciência, provando-a experimentalmente. Nossas intenções conscientes são por assim dizer constantemente perturbadas e atravessadas em maior ou menor grau por intrusões inconscientes, cujas causas nos são inicialmente desconhecidas. A psique está longe de ter uma unidade; pelo contrário, ela é uma mistura borbulhante de impulsos, bloqueios e afetos contraditórios e o seu estado conflitivo é, para muitas pessoas, tão insuportável, que elas desejam a salvação apregoada pela teologia. Salvação do quê? Naturalmente, de um estado psíquico altamente duvidoso. A unidade da consciência, isto é, da chamada personalidade, não é uma realidade, mas um *desideratum*. Lembro-me ainda vivamente de um filósofo entusiasta dessa unidade, que me consultou devido à sua neurose: ele estava possuído pela ideia de ter um câncer. Não sei quantos especialistas já havia consultado e quantas radiografias já havia feito. Sempre lhe asseguravam que não tinha câncer. Ele mesmo me dizia: "Eu sei que não tenho câncer, mas poderia ter". Quem é responsável por essa fantasia? Não é ele mesmo que a produz, mas um poder *estranho* a ele a impõe. Há pouca diferença entre este estado e o dos possessos do *Novo Testamento*. É totalmente irrelevante o fato de acreditar-se em um demônio do ar ou em um fator no

---

61. O grifo é meu.
62. BULTMANN. Apud BURI. *Theologie und Philosophie*, p. 117.

inconsciente que nos pregue uma peça demoníaca. O fato de que o homem se sente ameaçado por poderes estranhos em sua unidade imaginária permanece o mesmo nos dois casos. A teologia deveria levar em consideração estes fatos psicológicos, em vez de "desmitologizar" ainda, a modo dos iluministas, mas com um traço estilístico de cem anos.

[191] Tentei dar no acima exposto uma visão de conjunto dos fenômenos psíquicos atribuídos ao predomínio da imagem materna. Ainda que eu não tenha chamado sempre a atenção do leitor, ele pôde perceber sem dificuldade os traços que caracterizam mitologicamente a figura da Grande Mãe, mesmo sob o disfarce da psicologia personalista. Quando pedimos aos nossos pacientes que estão particularmente influenciados pela imagem materna que expressem através da palavra ou da imagem o que significa "Mãe" para eles – quer positiva quer negativamente – o que recebemos como resposta são configurações simbólicas que devem ser encaradas como analogias diretas da figura materna mitológica. Com estas entramos porém numa área cujo esclarecimento ainda deixa muito a desejar. Eu, pelo menos, não me sinto em condições de dizer qualquer coisa de definitivo a respeito. Se apesar de tudo eu tiver que tecer algumas considerações, que as mesmas sejam tidas como provisórias e descompromissadas.

[192] Antes de mais nada quero chamar a atenção para o fato particular de que a imagem materna se situa num nível diferente quando quem a expressa é um homem e não uma mulher. Para a mulher a mãe é o tipo de sua vida sexual consciente. Para o homem, porém, a mãe é o tipo de algo estranho, ainda a ser vivenciado e preenchido pelo mundo imagístico do inconsciente latente. Por esta razão, o complexo materno do homem é, por princípio, diverso do da mulher. Portanto a mãe é para o homem, de antemão por assim dizer, uma questão de caráter decididamente simbóli-

co, donde a tendência do mesmo a idealizá-la. A idealização é um expediente apotropaico secreto: ela ocorre quando um medo deve ser conjurado. O que se teme é o inconsciente e sua influência mágica[63].

[193] Enquanto que no homem a mãe é *ipso facto* simbólica, na mulher ela se torna símbolo só no decorrer do desenvolvimento psicológico. Chama a atenção o fato de que, segundo a experiência, o tipo que prevalece em geral no homem é o de Urânia, ao passo que na mulher é o tipo ctônico, o da chamada Mãe-Terra. Numa fase em que aparece o arquétipo, ocorre frequentemente uma identificação mais ou menos completa com a imagem originária. A mulher pode identificar-se diretamente com a Mãe-Terra, ao passo que um homem não (exceto em casos psicóticos). Tal como mostra a mitologia, é uma característica da Grande Mãe o fato de ela aparecer muitas vezes junto com seu par masculino. O homem identifica-se, portanto, com o filho amado, agraciado pela Sofia, o *puer aeternus*, ou um *filius sapientiae*, um sábio. O companheiro da mãe ctônica no entanto é o oposto, um Hermes itifálico (ou, como no Egito, um *Bes*) ou – expresso em indiano – um *lingam*. Este símbolo tem o maior significado espiritual na Índia e Hermes é uma das figuras mais contraditórias do sincretismo helenístico, do qual provieram os desenvolvimentos espirituais decisivos do Ocidente. Hermes também é deus da revelação e, na filosofia natural da Alta Idade Média, nada menos do que o próprio *nous* criador do mundo. Este segredo foi expresso do melhor modo através das obscuras palavras da *Tabula Smaragdina*: "*Omne superius sicut inferius*"[64].

---

63. É evidente que a filha também pode idealizar a mãe, mas isso se dá só em condições especiais, ao passo que no homem a idealização é algo normal.
64. RUSKA (org.), p. 2: Tudo o que está em cima é igual ao que está embaixo.

Com estas identificações entramos no terreno das sizígias, ou seja, na união dos opostos quando um deles jamais está separado do outro. Trata-se daquela esfera de vivência que conduz diretamente à experiência da individuação, ao tornar-se si-mesmo. Muitos símbolos deste processo poderiam ser encontrados na literatura ocidental da Idade Média e principalmente nos tesouros da sabedoria do Oriente, mas, quanto a isto, palavras, conceitos e mesmo ideias pouco significam. Eles podem até levar a caminhos errados. Neste terreno ainda bem escuro da experiência anímica em que o arquétipo se nos defronta por assim dizer diretamente, seu poder psíquico também se manifesta de maneira mais evidente. Se essa esfera representa algo, tratar-se-á da pura vivência, não podendo por isso ser apreendida por nenhuma fórmula preconcebida. Aquele que sabe compreenderá sem maiores esclarecimentos verbais qual a tensão expressa por Apuleio em sua maravilhosa oração *Regina Coeli*, quando ele associa à Vênus celeste a "*nocturnis ululatibus horrenda Proserpina*"[65]. É este o paradoxo assustador da imagem materna originária.

Quando no ano de 1938 escrevi a primeira versão deste ensaio, ainda não sabia que doze anos mais tarde a figura cristã do arquétipo materno seria elevada a uma verdade dogmática. A *Regina Coeli* cristã despiu-se evidentemente de todas as propriedades olímpicas, com exceção do luminoso, do bom e do eterno; até mesmo seu corpo humano, destinado à decomposição material, transformou-se em incorruptibilidade etérica. Apesar disso, a rica alegoria da mãe de Deus conservou alguns pontos em comum com sua prefiguração em Ísis (ou Io) e Sêmele. Não só Ísis e seu

---

65. *Metamorphoseos*, lib. XI, p. 223s.; Prosérpina, que provoca medo com seu uivo noturno.

filho Hórus são prefigurações iconológicas, como também Sêmele com sua subida ao céu; esta, a mãe originariamente mortal de Dioniso, antecipou a *Assumptio Beatae Virginis*. O filho de Sêmele também é um deus que morre e ressuscita (e o mais jovem dos olímpicos). A própria Sêmele parece ter sido uma antiga *deusa-terra*, tal como a Virgem Maria é a terra da qual Cristo nasceu. Nesta circunstância propõe-se a seguinte pergunta ao psicólogo: onde foi parar a relação característica da imagem materna para com a terra, com o escuro e o abissal do homem corpóreo, para com seus instintos animais e sua natureza passional e para com a "matéria" de modo geral? A proclamação do dogma aconteceu numa época em que as conquistas das ciências da natureza e da técnica – unidas a uma visão de mundo racionalista e materialista – ameaçam os bens espirituais e psíquicos da humanidade de violenta destruição. A humanidade arma-se de medo e repugnância frente a um crime espantoso. Circunstâncias poderiam ocorrer em que a bomba de hidrogênio, por exemplo, teria que ser usada e tal ato pavoroso se tornaria inevitável para a defesa legítima da própria existência. Em flagrante contraste com esse desastroso desenvolvimento das coisas, a mãe de Deus é entronizada no céu; sim, a sua *"assumptio"* é até mesmo interpretada como um contragolpe deliberado ao doutrinarismo materialista, o qual representa uma insurreição dos poderes ctônicos. Tal como o aparecimento de Cristo deu origem a um demônio real, adversário de Deus, a partir de um Filho de Deus originário que se encontrava no céu, agora inversamente uma figura celestial cinde-se de seu reino originariamente ctônico, assumindo uma posição contrária aos poderes titânicos desencadeados tanto a partir da terra como do mundo subterrâneo. Do mesmo modo que a mãe de Deus foi despida de todas as qualidades essenciais da materialidade, a matéria foi totalmente privada de alma e isto numa época em que a Física se abre para intuições as quais, sem "desmaterializarem" completamente a matéria, a dotam de certas propriedades, problematizando sua relação com a psique de um modo inadiável. Como o tremendo desenvolvimento da ciência natural destronou prematuramente o espírito, endeusando a matéria de um modo igualmente irrefletido, o mesmo impulso para o conhecimento científico tenta agora construir a ponte sobre o tremendo abismo que se abriu entre as duas visões de mundo. A psicologia tende a ver no dogma da Assunção um símbolo que de algum modo antecipa todo esse desenvolvimento. Ela considera a relação com a terra e a matéria uma qualidade inalienável do arquétipo materno. Quando uma figura condicionada por esse arquétipo é representada, como sendo recebida no céu, isto é, no reino do espírito, isso indica uma união de terra e céu, isto é, de matéria e espírito. O conhecimento científico certamente tenderá para o caminho contrário. Ele verá na própria matéria o equivalente do espírito, mas este "espírito" aparecerá despido de todas ou pelo menos da maioria de suas qualidades conhecidas, tal como a matéria terrestre entra no céu, despida de suas propriedades específicas. Não obstante isso, o caminho da união dos dois princípios separados se processa gradualmente.

[196] Concretamente falando, a Assunção é o oposto absoluto do materialismo. Tomado nesse sentido, tal contragolpe em nada diminui a tensão entre os opostos, mas os impele ao extremo.

[197] Compreendida simbolicamente, porém, a Assunção do corpo significa um reconhecimento da matéria a qual, devido a uma tendência preponderantemente pneumática, fora identificada pura e simplesmente com o mal. Em si mesmos, tanto o espírito como a matéria são neutros, ou

melhor, *utriusque capax*, isto é, capazes daquilo que o homem chama de bem ou mal. Embora estes conceitos sejam de natureza muito relativa, há em sua base opostos reais, os quais pertencem à estrutura energética da natureza física assim como psíquica, sem as quais não pode estabelecer-se nenhum tipo de ser. Não há positivo sem sua negação. Apesar da extrema oposição, ou por isso mesmo, um termo não pode existir sem o outro. É exatamente como formula a filosofia clássica chinesa: yang (o princípio luminoso, quente, seco e masculino) contém em si o germe do yin (o princípio escuro, frio, úmido e feminino), e vice-versa. Assim sendo descobrir-se-ia na matéria o germe do espírito, e no espírito o germe da matéria. Os fenômenos de "sincronicidade" há muito conhecidos e confirmados estatisticamente pelos experimentos de Rhine parecem apontar nessa direção[66]. Uma certa "animização" da matéria põe em questão a absoluta imaterialidade do espírito, na medida em que se deveria atribuir a este último um tipo de substancialidade. O dogma da Assunção, anunciado no momento da maior cisão política que a história já conheceu, é um sintoma compensatório que reflete os esforços da ciência no sentido de estabelecer uma imagem unitária do mundo. Em certo sentido ambos os desenvolvimentos foram antecipados pela alquimia, sob a forma do *hieros gamos* dos opostos, mas apenas de modo simbólico. O símbolo, no entanto, tem a grande vantagem de conseguir unificar numa *única* imagem fatores heterogêneos ou até mesmo incomensuráveis. Com o declínio da alquimia, ruiu a unidade simbólica de espírito e matéria, disso resultando o homem moderno, desenraizado e alienado numa natureza desprovida de alma.

---

66. JUNG. *Sincronicidade*: um princípio de conexões acausais.

A alquimia viu a simbologia da união dos opostos na [198] árvore, e por isso não é de surpreender que o inconsciente do homem hordierno, o qual já não se sente à vontade no seu mundo, nem pode basear sua existência no passado transcorrido, nem no futuro ainda por vir, volte a buscar o símbolo da árvore da vida, enraizada neste mundo, crescendo em direção ao polo celeste, que o homem também é. Na história do símbolo, a árvore é descrita como o caminho e o crescimento para o imutável e eterno, gerada pela união dos opostos e possibilitando a mesma através do seu eterno já existir. É como se o homem, que procura em vão sua existência, disso fazendo uma filosofia, só encontrasse o caminho de volta àquele mundo no qual não se sente estranho, através da vivência da realidade simbólica.

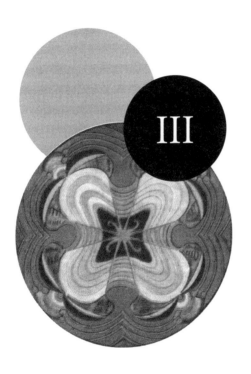

III

Aspectos psicológicos da Core[67]

A figura de Deméter e Core em seu tríplice aspecto, como mãe, jovem e Hécate é, para a psicologia do inconsciente, algo não só conhecido como também um problema prático. A "Core" tem seu correspondente psicológico nos arquétipos que, por um lado, designei por *si-mesmo* ou personalidade supraordenada e, por outro, por *anima*. A fim de explicar essas figuras que não podemos pressupor como algo conhecido, devemos fazer algumas observações de ordem geral.

[306]

O psicólogo confronta-se com as mesmas dificuldades que o mitólogo, quando pedem a eles uma definição exata, uma informação unívoca ou concisa a respeito desses temas. Só a própria imagem é concreta, clara ou nítida e sem ambiguidades, quando é representada em seu contexto habitual. Nesta forma ela diz tudo o que contém. Mas assim que procuramos abstrair a "essência própria" da imagem, esta torna-se indistinta e se dissolve finalmente em brumas. Para compreender a sua função viva temos de preservá-la como um ser vivo em sua complexidade, sem pretender examiná-la cientificamente segundo a anatomia de seu cadáver ou, historicamente, segundo a arqueologia de suas ruínas. Não negamos naturalmente os direitos desses métodos quando são empregados adequadamente.

[307]

---

67. Excertos retirados de C.G. Jung. *Os arquétipos e o inconsciente coletivo* [OC, 9/1] – 7. ed. Petrópolis: Vozes, 2011, § 306-383, tradução de Maria Luiza Appy e Dora Mariana Ribeiro Ferreira da Silva.

[308] Devido à enorme complexidade dos fenômenos psíquicos, um ponto de vista puramente fenomenológico é sem dúvida o único possível e que promete êxito a longo prazo. "De onde" vêm as coisas e o "o quê" são constituem perguntas que no campo da psicologia suscitam tentativas de interpretação inoportunas. Tais especulações baseiam-se muito mais em pressupostos inconscientes filosóficos do que na própria natureza dos fenômenos. O campo das manifestações psíquicas, provocadas por processos inconscientes, é tão rico e múltiplo, que prefiro descrever o fato observado e quando possível classificá-lo, isto é, subordiná-lo a determinados tipos. Trata-se de um método científico, empregado sempre que nos encontramos diante de um material variado e ainda não organizado. Podemos ter dúvidas quanto à utilidade e oportunidade das categorias ou tipos de ordenamento empregados, mas não quanto ao acerto do método.

[309] Como observo e examino há décadas os produtos do inconsciente no sentido mais amplo, isto é, os sonhos, fantasias, visões e delírios, não pude deixar de reconhecer certas regularidades ou *tipos*. Há tipos de *situações* e de *figuras* que se repetem frequentemente de acordo com seu sentido. Por isso uso também o conceito de *tema* ou *motivo* a fim de designar estas repetições. Assim, não existem apenas sonhos típicos, mas também motivos típicos em sonhos. Estes últimos, como dissemos, podem ser situações ou figuras. Entre estas últimas, comparecem figuras humanas que podem ser subordinadas a uma série de tipos: os principais são – segundo suponho[68] – a sombra, o velho, a criança (inclusive

---

68. Pelo que eu saiba, até hoje não foram feitas outras propostas. A crítica contentou-se em afirmar que tais arquétipos não existem. E não existem mesmo, assim como não existe na natureza um sistema botânico! Mas será que por isso vamos negar a existência de famílias de plantas naturais? Ou será que vamos contestar a ocorrência e contínua repetição de certas seme-

o menino-herói), a mãe ("mãe-originária" e "mãe-Terra") como personalidade supraordenada ("demoníaca" por ser supraordenada) e seu oposto correspondente, a jovem e também a *anima* no homem e o *animus*, na mulher.

Os tipos acima citados não esgotam nem de longe todas as regularidades estatísticas a esse respeito. A figura de Core que aqui nos interessa pertence, quando observada no homem, ao tipo "anima"; quando observada na mulher, ao tipo de "personalidade supraordenada". É uma característica essencial das figuras psíquicas serem duplas, ou pelo menos capazes de duplicação; em todo caso, elas são bipolares e oscilam entre o seu significado positivo e negativo. Assim sendo, a personalidade "supraordenada" pode aparecer numa forma desprezível e distorcida, como, por exemplo, Mefistófeles, o qual na realidade tem uma personalidade muito mais positiva do que o Fausto ambicioso, vazio e irrefletido; outra figura negativa é o polegar ou parvo do conto de fadas. A figura correspondente a Core na mulher é geralmente uma figura dupla, ou seja, uma mãe e uma jovem; isto é, ora ela aparece como uma, ora como a outra. Deste fato eu concluiria, por exemplo, que, na formação do mito Deméter-Core, a influência feminina sobrepujou tão consideravelmente o masculino que este último praticamente ficou quase sem significado. O papel do homem no mito de Deméter restringe-se, por assim dizer, ao raptor ou violador.

Na observação prática, a figura de Core aparece na mulher como uma jovem desconhecida; não raro, como Gret-

---

lhanças morfológicas e funcionais? Com as formas típicas do inconsciente, trata-se de algo em princípio muito semelhante. São formas existentes *a priori* ou normas biológicas de atividade anímica.

chen e mãe solteira[69]. Uma variação frequente é a dançarina, constituída de empréstimos feitos aos conhecimentos clássicos: neste caso, a jovem aparece como Coribante, mênada ou ninfa. Outra variante frequente é a sereia, cuja sobrenatureza é revelada pelo rabo do peixe. Muitas vezes tanto a figura de Core como a da mãe resvalam para o reino animal, cujo representante favorito é o gato, a serpente, o urso, o monstro negro subterrâneo como o crocodilo, ou seres da espécie da salamandra e do sáurio[70]. O desamparo da jovem – deixam-na entregue a todos os perigos possíveis – é, por exemplo, ser devorada por monstros ou ser abatida ritualmente como um animal sacrificado. Frequentemente trata-se de orgias sangrentas, cruéis e até mesmo obscenas, nas quais a criança inocente é imolada. Às vezes trata-se de uma verdadeira *nekyia*, descida ao Hades à procura do "tesouro difícil de alcançar", ocasionalmente ligada a orgias rituais, sexuais ou sacrifícios à Lua do sangue menstrual. Significativamente as torturas e as ações obscenas são realizadas por uma "Mãe-Terra". Podem ocorrer banhos ou libações de sangue[71], e tam-

---

69. A concepção personalista interpreta tais sonhos como "realização de desejos". Semelhante interpretação é tida por muitos como a única possível. Sonhos deste tipo ocorrem, no entanto, nas circunstâncias de vida mais diversas, mesmo nas situações em que a teoria da realização do desejo se torna uma pura "prepotência" e arbitrariedade. Por esta razão, a pesquisa do tema na área dos sonhos me parece ser o procedimento mais prudente e adequado.

70. A dupla visão da salamandra relatada por Benvenuto Cellini em sua biografia corresponde a uma projeção da anima, suscitada pela música tocada pelo pai [cf. GOETHE. *Obras* XXXIV, p. 20, e JUNG. *Psicologia e alquimia*, § 404].

71. Uma paciente minha, cuja dificuldade maior era um complexo materno negativo, desenvolveu uma série de fantasias sobre uma figura materna primitiva, uma índia, que dava instruções acerca da natureza da mulher. No meio dessas lições, há um parágrafo especial referente ao sangue que diz: "A vida da mulher tem a ver com o sangue. Todos os meses há de lembrar-se dele, e o parto é coisa sangrenta, destruição e criação. Uma mulher pode parir, mas a nova vida não é criação sua. No fundo ela sabe disso e alegra-se

bém crucifixões. A figura da jovem a ser observada na casuística é bastante", como mostram os exemplos que se seguem.

As figuras correspondentes a Deméter e Hécate são figuras maternas superiores e de estatura sobrenatural, as quais vão do tipo Pietá até o tipo Baubo. O inconsciente feminino compensatório do inofensivo convencional mostra ser em última análise extremamente inventivo. Lembro-me apenas de pouquíssimos casos em que a figura nobre própria de Deméter irrompeu do inconsciente em formação espontânea. Lembro-me de um caso em que uma Virgem divina apareceu vestida do mais puro branco, mas carregando em seus braços um macaco preto. A Mãe-Terra é sempre ctônica e ocasionalmente relaciona-se com a Lua, seja através do sacrifício de sangue já mencionado, seja através do sacrifício de uma criança, ou então adornada com a forma da Lua crescente[72]. Em representações desenhadas ou plásticas, a "mãe" é sempre escura e até preta ou vermelha (que são suas

[312]

---

com a graça que lhe foi concedida. Ela é uma pequena mãe, não a Grande Mãe. Mas a sua pequena imagem assemelha-se à grande. Quando consegue compreendê-lo, é abençoada pela natureza, porque se submeteu de modo correto, e isso lhe permite participar da nutrição da Grande Mãe".

72. Frequentemente a Lua está simplesmente "aí", como, por exemplo, em uma fantasia sobre a mãe ctônica na forma da "mulher-abelha" (JOSEPHINE D. BACON, *In the Border Country*, p. 14s.): O caminho levava a um minúsculo casebre, da mesma cor que as quatro grandes árvores à sua volta. A porta estava escancarada, e no meio estava uma velha, sentada sobre um assento baixo, envolvida num capote longo, que para ela olhava amigavelmente. O casebre ressoava com o zumbido das abelhas. Em um dos cantos havia uma fonte profunda e fria, na qual se espelhavam "uma lua branca e estrelinhas". Ela via todo o firmamento dentro da fonte. A velha exortou-a a lembrar-se novamente das obrigações da vida feminina. Na ioga tântrica, desprende-se da *shakti* adormecida um "zumbido como o de um enxame de abelhas loucas de amor" (Shatchakra Nirupana, p. 29. In: AVALON. *The Serpent Power*). Cf. mais adiante [§ 352] a dançarina que se dissolve em um enxame de abelhas. As abelhas também se conectam – enquanto alegoria – com Maria, como se vê pelo texto da bênção do círio pascal. Cf. DUCHESNE. *Origines du culte chrétien*, p. 265s.

cores principais), o rosto tem uma expressão primitiva ou animal, sua forma assemelha-se não raro ao ideal neolítico da Vênus de Brassempouy, ou da de Willendorf ou ainda o da adormecida de Hal Saflieni. Em outras ocasiões também encontrei os múltiplos seios, cuja disposição correspondia à da porca. A Mãe-Terra desempenha um papel importante no inconsciente da mulher, pois todas as suas manifestações são caracterizadas como sendo "poderosas". Isso mostra que nesses casos o "elemento-Mãe-Terra", no consciente, é anormalmente fraco, necessitando, portanto, ser fortalecido.

[313]   Admito que em vista disso parece difícil compreender quando tais figuras são consideradas como pertencentes à personalidade supraordenada. Numa investigação científica, no entanto, devemos renunciar aos preconceitos morais ou estéticos, permitindo que os fatos falem por si mesmos. A jovem é frequentemente caracterizada como não humana, no sentido comum da palavra; ora ela é desconhecida, ora de origem bizarra, ora sua presença é estranha, ora ela atua ou padece de modo curioso, o que nos faz concluir que a jovem é de natureza mítica e fora do comum. A Mãe-Terra é também um ser divino – no antigo sentido –, de modo contundente. Ela aparece nem sempre sob a forma de Baubo, mas às vezes como a rainha Vênus no *Polifilo*[73], sempre, porém, pesada de fatalidade. As formas frequentemente antiestéticas da "Mãe-Terra" correspondem a um preconceito do inconsciente feminino atual, que não existia na Antiguidade. A natureza ctônica da Hécate, ligada a Deméter, e o destino de Perséfone apontam para o lado escuro da alma humana, ainda que numa medida menor do que hoje em dia.

---

73. COLONNA. *Hypnerotomachia Poliphili*, e LINDA FIERZ-DAVID. *Der Liebstraum des Poliphilo.*

A "personalidade supraordenada" é o ser humano total, isto é, tal como é na realidade e não apenas como julga ser. A totalidade compreende também a alma inconsciente que tem suas exigências e necessidades vitais tal como a consciência. Não quero interpretar o inconsciente de modo personalístico, nem afirmar que as imagens da fantasia como as que acima foram descritas sejam "satisfações de desejo" reprimidas. Tais imagens nunca foram conscientes anteriormente, não podendo, portanto, ser reprimidas. Eu compreendo o inconsciente muito mais como uma psique impessoal comum a todos os seres humanos, apesar de ela expressar-se através de uma consciência pessoal. Embora todos respirem, a respiração não é um fenômeno a ser interpretado de modo pessoal. As imagens míticas pertencem à estrutura do inconsciente e constituem uma posse impessoal, que mais possui a maioria das pessoas do que é por elas possuída. As imagens, como as acima descritas, ocasionam em certas circunstâncias perturbações e sintomas, sendo então tarefa da terapia médica descobrir se, como e em que medida tais impulsos devem ser integrados à personalidade consciente ou se passaram de uma potencialidade normal a uma efetivação, devido a uma orientação insuficiente da consciência. Na prática encontramos as duas possibilidades.

[314]

Habitualmente chamo a personalidade supraordenada de si-mesmo, e separo estritamente o *eu*, o qual como se sabe só vai até onde chega a consciência do *todo da personalidade*, no qual se inclui, além da parte consciente, o inconsciente. O eu está para o "si-mesmo" assim como a parte está para o todo. Assim sendo, o si-mesmo é supraordenado ao eu. Empiricamente o si-mesmo não é sentido como sujeito, mas como objeto, e isto devido à sua parte inconsciente, que só pode chegar indiretamente à consciência, via projeção. Por causa da parte inconsciente, o si-mesmo se acha

[315]

tão distante da consciência que se, por um lado, pode ser expresso por figuras humanas, por outro, necessita de símbolos objetivos e abstratos. As figuras humanas são pai e filho, mãe e filha, rei e rainha, deus e deusa. Os símbolos teriomórficos são dragão, serpente, elefante, leão, urso ou outro animal poderoso. E, por outro lado, aranha, caranguejo, borboleta, besouro, verme etc. Os símbolos vegetais são, em geral, flores (lótus e rosa!). Estas últimas conduzem à forma geométrica como círculo, esfera, quadrado, quaternidade, relógio, firmamento etc.[74] O alcance indefinido da parte inconsciente torna, portanto, impossível uma apreensão e descrição completas da personalidade humana. Consequentemente, o inconsciente complementa o quadro com figuras vivas, que vão do animal até a divindade como os dois extremos além do humano. Além disso, o extremo animal é complementado pelo acréscimo do vegetal e do abstrato inorgânico, tornando-o um microcosmos. Estas complementações são encontradas com grande frequência como atributo em imagens divinas antropomórficas.

[316] Deméter e Core, mãe e filha, totalizam uma consciência feminina para o alto e para baixo. Elas juntam o mais velho e o mais novo, o mais forte e o mais fraco e ampliam assim a consciência individual estreita, limitada e presa a tempo e espaço rumo a um pressentimento de uma personalidade maior e mais abrangente e, além disso, participa do acontecer eterno. Não devemos supor que mito e mistério tenham sido inventados conscientemente para uma finalidade qualquer, mas ao que parece representariam uma confissão involuntária de uma condição prévia psíquica, porém inconsciente. A psique que preexiste à consciência (por exemplo, no caso da criança) participa, por um lado, da

---

74. *Psicologia e alquimia*, Segunda parte.

psique materna e, por outro, chega até a psique de filha. Por isso poderíamos dizer que toda mãe contém em si sua filha e que toda filha contém em si sua mãe; toda mulher se alarga na mãe, para trás e na filha, para frente. Desta participação e mistura resulta aquela insegurança no que diz respeito ao tempo: como mãe, vive-se antes; como filha, depois. Da vivência consciente desses laços resulta um sentimento da extensão da vida, através de gerações: um primeiro passo em direção à experiência e convicção imediatas de estar fora do tempo dá-nos o sentido de *imortalidade*. A vida individual é elevada ao tipo, isto é, ao arquétipo do destino feminino em geral. Ocorre assim uma apocatástase das vidas dos antepassados que, mediante a ponte do ser humano contemporâneo individual, prolongam-se nas gerações futuras. Através de uma experiência deste tipo o indivíduo é incorporado à vida cheia de sentido das gerações, sendo que seu fluxo (da vida) deve fluir através de cada um. Todos os obstáculos desnecessários são afastados do caminho, mas este é o próprio fluxo da vida. Cada indivíduo, porém, é ao mesmo tempo liberto de seu isolamento e devolvido à sua inteireza. Toda preocupação cultual com arquétipos tem, em última análise, este objetivo e resultado.

[317] Fica logo claro ao psicólogo quais os efeitos catárticos e ao mesmo tempo renovadores procedentes do culto a Deméter sobre a psique feminina; fica clara também a carência da higiene psíquica que caracteriza nossa cultura, a qual não conhece mais esse tipo de vivência salutar, como o das emoções eleusinas.

[318] É claramente perceptível para mim que, não só o leigo em psicologia, como o psicólogo profissional, o psiquiatra e até o psicoterapeuta não possuem aquele conhecimento do material arquetípico de seus pacientes, pois não investigaram este aspecto da fenomenologia do inconsciente. Não

raro ocorrem no campo da observação psiquiátrica e psicoterapêutica casos que se distinguem por uma rica produção de símbolos arquetípicos[75]. Uma vez que faltam ao médico observador os conhecimentos históricos necessários, ele não está em condições de perceber paralelismo entre as suas observações e os achados da antropologia e das ciências humanas em geral. Inversamente, o estudioso da mitologia e das religiões comparadas, geralmente não é psiquiatra e por isso não sabe que os seus mitologemas continuam vivos e radiantes, como os sonhos e visões, no recesso das vivências pessoais mais íntimas e que em hipótese alguma gostaríamos de entregar à dissecação científica. O material arquetípico é por isso o grande desconhecido e requer estudos e uma preparação especial, só para poder coletar tal material.

[319] Não me parece supérfluo dar alguns exemplos tirados de minha experiência casuística, nos quais se manifestam imagens arquetípicas no sonho ou na fantasia. Em meu público sempre deparo com a dificuldade de ele considerar a ilustração mediante "alguns exemplos" a coisa mais simples do mundo. Na realidade, porém, é quase impossível demonstrar algo com poucas palavras e algumas imagens arrancadas do seu contexto. Isto só é possível diante de alguém que conhece o assunto. Ninguém poderia imaginar o que Perseu deve fazer com a cabeça de Górgona, a não ser que se conheça o mito. O mesmo ocorre com as imagens individuais: elas necessitam de um contexto, que não é apenas mito, mas também anamnese individual. Tais conexões, porém, têm uma extensão ilimitada. Cada série de imagens mais ou menos completa exigiria, para sua representação,

---

75. Remeto à dissertação do meu discípulo JAN NELKEN. *Analytische Beobachtyngen über Phantasien eines Schizofrenen* (1912), bem como à minha análise de uma série de fantasias em: *Símbolos da transformação*.

um livro de cerca de 200 páginas. A minha investigação da série de fantasias de Miller pode dar uma ideia do que seja[76]. É, pois, com muita hesitação, que tento dar exemplos casuísticos. O material que utilizo procede em parte de pessoas normais, em parte de pessoas um pouco neuróticas. Trata-se ora de sonhos, ora de visões ou de sonhos entretecidos de visões. Essas "visões" não são de modo algum alucinações ou estados extáticos, mas sim imagens de fantasias visuais espontâneas, ou aquilo que chamamos de *imaginação ativa*. Este último é um método de introspecção indicado por mim e que consiste na observação do fluxo das imagens interiores: concentra-se a atenção em uma imagem onírica que causa impacto, mas é ininteligível, ou em uma impressão visual, observando-se as mudanças que ocorrem na imagem. Evidentemente, devemos suspender todo senso crítico e o que ocorre deve ser observado e anotado com absoluta objetividade. É óbvio também que as objeções como: isso é "arbitrário ou inventado por mim mesmo", devem ser postas de lado, pois surgem da ansiedade da consciência do eu, que não tolera nenhum senhor a seu lado na própria casa; em outras palavras, é a inibição exercida pela consciência sobre o inconsciente.

Nestas condições aparece frequentemente uma série dramática de fantasias. A vantagem deste método é o de trazer à luz uma grande quantidade de conteúdos inconscientes. Podemos utilizar para a mesma finalidade desenhos, pinturas e modelagens. Séries visuais, ao tornar-se dramáticas, passam facilmente à esfera auditiva ou da linguagem, o que determina diálogos ou algo parecido. Em alguns indivíduos

[320]

---

76. *Símbolos da transformação*. O livro de H.G. Baynes *The Mythology Of the Soul* compreende 939 páginas e se esforça por fazer jus ao material de apenas dois indivíduos.

um pouco patológicos e especialmente nas esquizofrenias latentes, que não são raras, este método pode ser um tanto perigoso, requerendo, portanto, um controle médico. Ele baseia-se num enfraquecimento deliberado da consciência e de sua influência limitadora ou repressora sobre o inconsciente. O objetivo do método é em primeiro lugar terapêutico e, em segundo lugar, ele fornece um rico material empírico. Alguns dos nossos exemplos foram tirados desse material. Diferem dos sonhos apenas pela forma mais apurada, devido ao fato de os conteúdos derivarem, não de uma consciência onírica, mas desperta. Os exemplos provêm de mulheres de meia-idade.

A. Caso X[77]

[321] 1. (IMPRESSÃO VISUAL ESPONTÂNEA): *"Vi um pássaro branco, de asas bem abertas. Ele desceu sobre uma figura feminina vestida de azul, que lá estava sentada como uma estátua antiga. O pássaro pousou em sua mão que continha um grão de trigo. O pássaro tomou-o em seu bico e voou de novo para o céu".*

[322] X pintou um quadro dessa visão: em um assento de mármore branco encontra-se uma figura "materna", arcaicamente simples e vestida de azul. (A maternidade é ressaltada pelos seios volumosos.)

[323] 2. *"Um touro ergue uma criança do chão e carrega-a até uma estátua de mulher antiga. Uma jovem nua, com uma coroa de flores no cabelo, aparece montada em um touro branco. Ela pega a criança e joga-a para o alto como uma bola e toma-a de volta. O touro branco carrega as duas até um tem-*

---

77. As diversas partes estão ordenadas cronologicamente.

plo. Lá, a jovem deita a criança no chão etc." (Segue-se uma consagração.)

Nesta imagem, a jovem aparece mais ou menos como Europa (aqui são utilizados alguns conhecimentos escolares). A nudez e a coroa de flores indicam alegria dionisíaca. O jogo de bola com a criança é um motivo do ritual secreto que sempre diz respeito ao "sacrifício da criança". (Compare-se com a acusação de assassínio ritual dos pagãos contra cristãos e dos cristãos contra gnósticos e judeus, e também os sacrifícios de crianças fenícias, rumores sobre missas negras etc., bem como "o jogo de bola na igreja".) [324]

3. *"Vi um porco dourado sobre um pedestal. Seres meio animais dançavam rondas à sua volta. Nós nos apressávamos a cavar um buraco profundo no chão. Mergulhei o braço no buraco e encontrei água. Apareceu então um homem numa carruagem dourada. Ele pulou no buraco, balançando de um lado para o outro (como se estivesse dançando)... Eu também balancei no mesmo ritmo que ele. Subitamente ele pulou para fora do buraco, violentou-me e me engravidou".* [325]

X é idêntica à jovem que muitas vezes também aparece como rapaz. Este último é uma figura do animus que incorpora o masculino na mulher. O rapaz e a jovem formam uma sizígia ou *coniunctio*, a qual simboliza a essência da totalidade (tal como no hermafrodita platônico que se tornou mais tarde símbolo da totalidade perfeita na filosofia alquímica). X entrou na dança e por isso o "nós nos apressávamos". O paralelismo com os motivos ressaltados por Kerényi parecem dignos de nota. [326]

4. *"Vi um belo jovem com címbalos dourados, dançando e pulando de alegria e animação... Finalmente caiu por terra* [327]

e enterrou seu rosto nas flores. Em seguida, mergulhou no colo de uma mãe antiquíssima. Depois de algum tempo, levantou-se e mergulhou na água, onde afundava e emergia como um golfinho... Vi que seu cabelo era dourado e então pulamos juntos de mãos dadas. Chegamos assim a um desfiladeiro..." Ao atravessar este último, o jovem cai no fundo do desfiladeiro. X fica sozinha e chega a um rio onde a espera um cavalo-marinho branco e um barco dourado.

[328]   Nessa cena X é o jovem, por isso este desaparece depois, deixando-a como única heroína da história. Esta é a criança da mãe, o golfinho, o jovem perdido no desfiladeiro e a noiva manifestamente esperada por Posídon. A interferência peculiar e o deslocamento dos motivos nesses materiais oníricos são algo semelhante às variações mitológicas. O jovem no colo da mãe impressionou X de tal modo, que ela pintou essa cena. A figura é a mesma do número 1. Só que, em lugar do grão de trigo em sua mão, é o corpo do jovem que jaz completamente exausto no colo da mãe gigantesca.

[329]   5. *Segue-se agora o sacrifício de um carneiro, durante o qual também se joga bola com o animal do sacrifício. Os participantes lambuzam-se com o sangue derramado. Depois, tomam um banho de sangue pulsante. Através disso X transforma-se em uma planta.*

[330]   6. *Chega depois X a um covil de serpentes, onde estas a envolvem.*

[331]   7. *Sob o mar, uma mulher divina dorme em um covil de serpentes. (Na imagem ela é representada bem maior que os demais.) Usa uma veste vermelho-sangue, que envolve apenas a parte inferior de seu corpo. Sua pele é escura, tem lábios vermelhos e carnudos e parece ter uma enorme força física.*

Ela beija X que obviamente desempenha o papel da jovem e a oferece como um dom aos múltiplos homens presentes etc.

Esta deusa ctônica é a típica "Mãe-Terra", tal como aparece em tantas fantasias modernas. [332]

8. *Quando X emergiu do fundo e chegou novamente à luz, teve a experiência de um tipo de iluminação: chamas brancas brincavam em redor de sua cabeça, enquanto ela caminhava através de campos de trigo, de hastes ondulantes.* [333]

Com esta imagem terminava o episódio da mãe. Embora não se tratasse nem de longe de um mito conhecido, aparecem temas e conexões, tais como os conhecemos na mitologia. Essas imagens ocorrem espontaneamente e não se baseiam de forma alguma em nenhum conhecimento consciente. Apliquei o método da imaginação ativa em mim mesmo por muito tempo e observei então numerosos símbolos e conexões entre eles, os quais só pude provar, anos depois, em textos de cuja existência eu nem suspeitava. Dá-se o mesmo no tocante aos sonhos. Por exemplo, há alguns anos sonhei: *"Eu subia penosamente a encosta de uma montanha. Quando imaginava ter atingido o cume, descobri que estava de pé à beira de um platô. Erguia-se ao longe a crista de uma montanha que na realidade era o cume. A noite desceu e vi na obscuridade daquele declive um riacho descendo, sob uma luz que brilhava como metal e dois caminhos ascendentes, um à esquerda, outro à direita, serpenteavam montanha acima. No alto, à direita, havia um hotel. Embaixo, o regato desviava para a esquerda e uma ponte conduzia para o lado oposto".* [334]

Pouco tempo depois encontrei em um obscuro tratado alquímico a seguinte "alegoria": Em sua *Speculativa Philoso-* [335]

phia[78] o médico de Frankfurt Gerardo Dorneo, que viveu na segunda metade do século XVI, descreve a *Mundi peregrinatio, quam erroris viam appelamus*, por um lado, e a *Via veritatis*, por outro. A respeito do primeiro caminho diz o autor:

> [...] o gênero humano, em que a resistência a Deus é inata, não abre mão de buscar meios e caminhos para escapar, por seu próprio esforço, das armadilhas que prepara para si próprio, e não pede auxílio Àquele do qual vem todo dom de misericórdia. Assim foi que construíram uma gigantesca oficina do lado esquerdo da estrada. Nesse edifício reina o empenho (etc.). Conseguido isso, afastam-se do empenho e voltam sua atenção para a segunda região do mundo, utilizando a ponte da insuficiência como transição. Mas como Deus, em sua bondade, deseja atraí-los de volta, permite que a sua fragilidade os domine; voltando então a buscar – como anteriormente – o remédio dentro de si mesmos (empenho!) correm para o imenso hospital, igualmente construído do lado esquerdo, e presidido pela medicina. Ali há uma grande quantidade de farmácias, cirurgiões e médicos etc.

[336] O autor diz a respeito do "caminho da verdade", que é o caminho "reto": "Chegareis ao acampamento da sabedoria e lá sereis recebidos e fortalecidos com alimento muito mais nutritivo do que até então". – O regato também aí está: "Uma torrente de água viva flui do cume da montanha, graças a um engenho espantoso" (A sabedoria, de cuja fonte jorram águas![79])

---

78. *Theatrum chemicum*, 1602, I, p. 286s.

79. "*...humanum genus, cui Deo resistere iam innatum est, non desistit media quaerere, quibus proprio conatu laqueos evadat quos sibimet posuit, ab eo non petens auxilium, a quo solo dependet omnis misericordiae munus. Hinc factum*

A diferença importante em relação à imagem do meu sonho é que – independentemente da situação invertida do hotel – o rio da Sabedoria encontra-se do lado direito e não – como no meu sonho – no meio do quadro. [337]

No caso do meu sonho não se trata aparentemente de algum "mito" conhecido, mas de uma conexão de ideias que facilmente poderia ser considerada "individual", isto é, única. No entanto, uma análise cuidadosa poderia provar facilmente que se trata de uma imagem arquetípica, a qual pode ser reproduzida em qualquer época e em qualquer lugar. Mas devo confessar que a natureza arquetípica da imagem onírica só ficou clara para mim quando li Dorneo. Observei tais acontecimentos semelhantes não só em mim mesmo, como nos meus pacientes. Mostra-se através desse evento a necessidade duma atenção especial a fim de que tais paralelos não escapem. [338]

A imagem da mãe antiga não se esgota com a figura de Deméter. Ela também se exprime através de Cibele Ártemis. O caso seguinte aponta nessa direção. [339]

---

est, ut in sinistram viae partem officinam sibi maximam extruxerint... huic domui praeest industria... Quod postquam adepti fuerint, ab industria recedentes in secundam mundi regionem tendunt: per infirmitatis pontem facientes transitum... At quia bonus Deus retrahere vellet, infirmitatis in ipsos dominari permittit, tum rursus ut prius remedium 'industria'! a se quaerentes, ad xenodochium etiam a sinistris construtum et permaximum confluunt, cui medicina praeest. Ibi pharmacopolarum, chirurgorum et physicorum ingens est copia" etc. (p. 287). – *Pervenietis ad Sophiae castra, quibus excepti, longe vehementiori quam antea cibo reficiemini* (p. 288). – *Viventis aquae fluvium, tam admirando fluentem artificio de montis... apicen* (p. 280). – *Sophiae... de cuius etiam fonte scaturiunt aquae* (p. 279).

B. Caso Y

[340] 1. SONHO: "*Estou caminhando no alto de uma montanha, a trilha é erma, selvagem e difícil. Uma mulher desce do céu, a fim de me acompanhar e me ajudar. Ela é inteiramente luminosa, seus cabelos são claros e os olhos brilhantes. De vez em quando, porém, desaparece. Depois de ter caminhado sozinho por algum tempo, percebo que esqueci meu cajado em algum lugar e tenho que voltar para buscá-lo. Devo passar por um monstro terrível, um urso gigantesco. Quando passei por ele pela primeira vez, a mulher celeste estava presente e me protegia. Agora, porém, ao passar ao lado do urso percebo que ele avança em minha direção, mas a mulher celeste está novamente a meu lado e, ao vê-la, o animal deita-se, calmo, e deixa-nos passar. Então, essa mulher novamente desaparece*".

[341] Estamos aqui diante de uma deusa maternal e protetora, que se relaciona com ursos, logo um tipo de Diana ou a *Dea artio gallo-romana*. A mulher divina é o aspecto positivo. O urso, o negativo da "personalidade supraordenada", a qual complementa o homem consciente para cima, à região celestial e para baixo, à região animal.

[342] 2. SONHO: "*Passamos por um pórtico e entramos numa sala em forma de torre, subimos uma longa escada, e em um dos últimos degraus leio uma inscrição aproximadamente assim: 'Vis ut sis'. A escada termina em um templo situado no topo de uma montanha coberta de árvores, que não tem outro acesso. É o sacrário da Ursana, a deusa Ursa, que é simultaneamente a mãe de Deus. O templo é de pedra vermelha e nele sacrifícios sangrentos são oferecidos. Há animais em torno do altar. Para poder entrar no templo, devemos nos transformar em um animal da floresta. O templo tem a forma de uma cruz de braços iguais, com um espaço redondo no centro, descoberto, de modo que se vê o céu diretamente, bem como a constelação da ursa.*

No meio do espaço aberto, sobre o altar, há uma taça lunar; que está sempre fumegante. Há também uma enorme imagem da deusa, que não é bem visível. Os adoradores, transformados em animais – aos quais também pertenço –, devem tocar o pé da imagem divina, a qual lhes responde com um sinal, ou um dito oracular como 'Vis ut sis'[80]".

Nesse sonho a deusa Ursa sobressai claramente, embora sua estátua não seja "bem visível". A relação com o si-mesmo, com a personalidade supraordenada, não é indicada apenas pelo oráculo: *'Vis ut sis'*, mas também pela quaternidade e o espaço central e circular do templo. Desde tempos remotos a relação com os astros simboliza a própria "eternidade". A alma vem "das estrelas" e retorna às regiões estelares. Uma relação da "Ursana" com a Lua é sugerida pela "taça lunar".

A deusa Lua também aparece nos sonhos infantis: uma menina que cresceu sob circunstâncias psíquicas particularmente difíceis teve um sonho repetido entre o sétimo e décimo ano de vida: *Embaixo, no pontilhão junto à água, a Senhora Lua espera por ela, a fim de levá-la à sua ilha*. Infelizmente ela nunca pôde lembrar-se do que acontecia lá, mas era tão belo que muitas vezes rezara para que o sonho se repetisse. Apesar de ser evidente que as duas sonhadoras não são idênticas, o motivo da ilha também ocorreu no sonho anterior, sob a forma de "crista da montanha inacessível".

Trinta anos depois, a sonhadora da Senhora Lua teve uma fantasia dramática:

"*Eu subia a encosta de uma montanha escura e íngreme. No topo havia um castelo encimado por uma cúpula. Entrei e subi (à esquerda) uma escada em espiral. Chegando em cima,*

---

80. (*Tu queres, [que] sejas.*)

no espaço da cúpula, encontrei-me na presença de uma mulher que usava um adorno na cabeça, feito de chifres de vaca. Reconheci nela a Senhora Lua dos meus sonhos de criança. A uma ordem da Senhora Lua olho para a direita e vejo um Sol de brilho ofuscante, do outro lado um abismo. Uma ponte transparente transpõe o abismo, caminho sobre ela com a consciência de que em hipótese alguma devo olhar para baixo. Um medo terrível me assalta e eu hesito. Sinto no ar a iminência de uma traição, mas mesmo assim atravesso a ponte e paro diante do Sol. Este me diz: 'Se puderes aproximar-te de mim nove vezes sem que te queimes, tudo estará bem'. Eu, porém, sinto um medo crescente e por fim olho para baixo e vejo um tentáculo negro como o de um octópode que tenta agarrar-me por baixo do Sol. Desço assustada e caio no abismo. Mas em vez de despedaçar-me estou nos braços da Mãe-Terra. Ao procurar ver sua face, ela se transforma em argila e estou deitada sobre a terra".

[347] É significativo como o início desta fantasia coincide com o nosso sonho. A Senhora Lua é claramente distinta da Mãe-Terra embaixo. A primeira incentiva a sonhadora à aventura perigosa com o Sol; a segunda, no entanto, a acolhe de modo perfeito e maternal nos braços. A sonhadora, em perigo, parece estar no papel da Core.

[348] Voltemos à nossa série de sonhos:

[349] 3. Y vê no SONHO *dois quadros pintados pelo pintor nórdico Hermann Christian Lund.*

a. "*Um deles representa uma sala camponesa nórdica, onde passeiam meninas em roupas típicas coloridas, de braços dados (isto é, em uma fila). A menina do meio nessa fila é menor do que as outras e além disso é corcunda e pode virar a cabeça para trás. Isto, juntamente com seu olhar estranho, dá-lhe um caráter de bruxa.*

b. *O segundo quadro representa um dragão monstruoso, que estende o pescoço pelo quadro inteiro, especialmente sobre uma menina que se encontra em poder do dragão, totalmente imóvel, pois, assim que ela tenta mover-se, o dragão também se move. Este pode aumentar ou diminuir de tamanho segundo seu desejo e, quando a menina tenta afastar-se, ele estende seu pescoço por cima da menina e logo a captura de novo. Estranhamente a menina não tem rosto ou, pelo menos, não posso vê-la.*

Trata-se de um pintor inventado pelo sonho. O animus aparece muitas vezes como pintor; ora ele tem um projetor, é operador de cinema, ora é dono de uma galeria de arte. Tudo isso se refere ao animus como função mediadora entre o consciente e o inconsciente: o inconsciente contém imagens as quais, mediadas pelo animus, tornam-se manifestas, quer como imagens da fantasia, quer inconscientemente como a vida atuante e vivida. Da projeção do animus nascem relações fantásticas de amor ou ódio para com "heróis" ou "demônios". Os artistas de cinema, os tenores, os esportistas que se destacam etc., são as vítimas prediletas. No primeiro quadro, a menina é caracterizada como "demoníaca", com uma corcunda e um olhar malvado, podendo virar a cabeça para trás. (Daí os amuletos contra o mau-olhado, que os primitivos gostam de usar na nuca, pois a parte vulnerável das pessoas fica nas costas, por onde não se enxerga.) [350]

No segundo quadro a "menina" é representada como a vítima inocente de um monstro. Tal como no primeiro quadro, há uma relação de identidade entre a mulher celeste e o urso, neste último, a relação é entre a virgem e o dragão. Na vida isto é mais do que uma simples "piada" de mau gosto. Aqui também se trata da ampliação da personalidade consciente, por um lado, devido ao desamparo da vítima e [351] por outro, devido à periculosidade do mau-olhado de uma moça corcunda e do poder do dragão.

[352] 4. METADE SONHO E METADE IMAGINAÇÃO VISUAL. "*Um mágico demonstra seus truques a um príncipe indiano. Ele faz aparecer uma bela jovem que sai debaixo de um pano. É uma dançarina, que tem o poder de mudar sua forma ou, pelo menos, de eletrizar o que está à sua volta através de uma ilusão perfeita. Durante a dança, ela e a música se dissolvem num enxame de abelhas zumbindo. Depois, ela se transforma num leopardo, depois num jato de água da fonte e em seguida em um polvo marinho que prende em seus tentáculos um jovem pescador de pérolas. No momento dramático ela reassume, a cada vez, sua forma humana. Aparece como jumenta, carregando dois balaios cheios de frutas maravilhosas. Depois torna-se um pavão multicor: O príncipe fica fora de si de admiração e a chama para junto dele. Ela, porém, continua a dançar, nua, e até mesmo arranca a pele do corpo; finalmente, cai no chão como um esqueleto descarnado. Este é enterrado, mas à noite um lírio nasce do túmulo e de seu cálice sai a mulher branca que, lentamente, ascende ao céu*".

[353] Esse fragmento descreve a transformação da ilusionista (capacidade especificamente feminina) em uma personalidade transfigurada. Esta fantasia não foi inventada como algo alegórico, mas é constituída em parte por um sonho, em parte por imagens espontâneas da fantasia.

[354] 5. SONHO: "*Estou numa igreja de arenito cinzento. A abside é algo elevada. Lá (perto do Santíssimo) uma menina vestida de vermelho está pendurada na cruz de pedra da janela. (Será um suicídio?)*"

[355] Como no caso anterior em que a criança, ou seja, o carneiro sacrifical, desempenha um papel, aqui o sacrifício

da jovem que está pendurada na "árvore da cruz" representa o mesmo papel. A morte da dançarina deve também ser compreendida nesse sentido, porque essas figuras de meninas estão sempre consagradas à morte, uma vez que o seu domínio exclusivo sobre a psique feminina impede o processo de individuação, isto é, a maturação da personalidade. A menina corresponde à anima do homem: através dela são alcançados os objetivos naturais, em que a ilusão desempenha o maior papel que se possa imaginar. Enquanto, porém, uma mulher se contenta de ser uma *femme à homme*, ela não tem individualidade feminina. É oca e apenas cintila como um receptáculo adequado para a projeção masculina. A mulher como personalidade, porém, é algo diverso: aqui, as ilusões já não servem mais. Quando se coloca o problema da personalidade, o que em geral é uma questão penosa da segunda metade da vida, a forma infantil do si-mesmo também desaparece.

Precisamos agora apreciar a figura da Core, tal como pode ser observada no homem, isto é, sua anima. Uma vez que a totalidade do homem, na medida em que não é constitutivamente homossexual, só pode ser uma personalidade masculina, a figura da anima não pode ser catalogada como um tipo de personalidade supraordenada, mas requer uma avaliação e posição diferentes. A anima aparece nos produtos da atividade inconsciente também sob a figura da jovem e da mãe, razão pela qual a interpretação personalista a reduz sempre à mãe pessoal, ou a qualquer outra mulher. Nesta operação perde-se o sentido próprio dessa figura, como aliás em todas as interpretações redutivas, quer no âmbito da psicologia do inconsciente quer no da mitologia. As numerosas tentativas na esfera desta última, de interpretar deuses e heróis de modo solar, lunar, astral ou meteorológico, não contribuem significativamente para o seu conhe-

[356]

cimento; pelo contrário, desviam o sentido para um rumo falso. Logo, quando aparece nos sonhos ou em outros produtos espontâneos uma figura feminina desconhecida, cujo significado oscila entre os extremos de deusa e prostituta, é aconselhável deixá-la em sua autonomia e não reduzi-la arbitrariamente a algo conhecido. Se o inconsciente a põe como "desconhecida", este atributo não deveria ser afastado à força, pretendendo chegar a uma interpretação "razoável". A anima é uma figura bipolar, tal como a "personalidade supraordenada", podendo ora aparecer como positiva ora como negativa; a velha ou jovem, mãe ou menina; fada bondosa ou bruxa; santa ou prostituta. Ao lado dessa ambivalência, a anima tem relações "ocultas" com "segredos", com o mundo obscuro em geral, tendo frequentemente um matiz religioso. Quando ela emerge com alguma clareza, sempre tem uma relação estranha com o *tempo*: na maioria das vezes é quase ou totalmente imortal, pois está fora do tempo. Os escritores que tentaram dar forma poética a esta figura não deixaram de trazer à luz a relação peculiar da anima com o tempo. Mencionam as descrições clássicas de Rider Haggard, em *She* e *The Return of She*, de Benoît em *L'Atlantide,* e muito especialmente de um jovem autor americano, Sloane, em seu romance *To Walk the Night.* Em todos esses escritos, a anima está fora do tempo conhecido, sendo por isso antiquíssima ou um ser que pertence a outra ordem de coisas.

[357]   Uma vez que os arquétipos do inconsciente hoje em dia não são mais praticamente expressos em figuras tidas como religiosas, voltam para o inconsciente, ocasionando a projeção inconsciente sobre personalidades humanas, mais ou menos adequadas. No menino aparece na mãe uma certa forma de anima, conferindo-lhe a radiância do poder e da superioridade ou então uma aura demoníaca, talvez ainda

mais fascinante. Devido, porém, à ambivalência, a projeção pode ser de natureza inteiramente negativa. Grande parte do medo que o sexo feminino suscita nos homens é devido à projeção da anima. Um homem infantil tem, em geral, uma anima maternal; um adulto, porém, a projeta numa figura de mulher mais jovem. O "demasiado velho", porém, é compensado por uma menina ou até mesmo uma criança.

C. Caso Z

A anima também se relaciona com animais, que simbolizam suas características. Ela pode portanto aparecer como serpente, tigre ou pássaro. Uma série de sonhos contendo tais transformações é citada à guisa e exemplo[81]. [358]

1. *Um pássaro branco pousa sobre a mesa. Transforma-se repentinamente em uma menina loura, de cerca de 7 anos, e de súbito volta à forma de pássaro, o qual fala com voz humana.* [359]

2. *Em uma casa subterrânea, ou melhor, no mundo subterrâneo vive um mago e profeta velhíssimo, com uma "filha", a qual não é sua filha verdadeira. Esta é dançarina, uma criatura muito flexível, mas está em busca de cura, pois ficou cega.* [360]

3. *Uma casa isolada numa floresta. Nela mora um velho sábio. Aparece de repente sua filha, uma espécie de fantasma, queixando-se de que as pessoas sempre a consideram como mera fantasia.* [361]

4. *Em uma fachada de igreja há uma figura de madona gótica, que no entanto é viva – "a mulher desconhecida, mas conhecida". Nos braços ela carrega em lugar da criança algo que parece uma chama, uma serpente ou um dragão.* [362]

---

81. Os sonhos só são reproduzidos por extratos, ou seja, na medida em que se referem à representação da anima.

[363] 5. *Em uma capela escura está ajoelhada uma "condessa" vestida de negro. Seu vestido é coberto de pérolas preciosas. Tem cabelo ruivo e é inquietante. Além disso ela está cercada de espíritos de mortos.*

[364] 6. *Uma serpente fêmea comporta-se de modo carinhoso e insinuante. Fala com voz humana. Só "ocasionalmente" ela tem a forma de serpente.*

[365] 7. *Um pássaro fala com a mesma voz, mas mostra-se prestativo ao tentar salvar o sonhador de uma situação perigosa.*

[366] 8. *A desconhecida está sentada, tal como o sonhador, na ponta de uma torre de igreja e o fixa com seu olhar sinistro por sobre o abismo.*

[367] 9. *A desconhecida aparece repentinamente, como uma velha serviçal, em um sanitário público subterrâneo, a 15 graus negativos de temperatura.*

[368] 10. *Ela sai de casa como "une petite bourgeoise", juntamente com uma companheira, e em seu lugar aparece de repente, em tamanho muito ampliado, vestida de azul, uma deusa semelhante a Atená.*

[369] 11. *Ela aparece numa igreja, no lugar em que havia antes um altar, de estatura acima do comum, mas com a face velada.*

[370] Em todos esses sonhos[82] trata-se de um ser feminino desconhecido, cujas qualidades não se referem a nenhuma das mulheres que o sonhador conhece. A desconhecida é caracterizada como tal pelo próprio sonho e revela sua natureza excepcional, seja através de sua capacidade de transformação, seja através de sua ambivalência paradoxal. Ela resplandece em todos os matizes, indo do mais baixo ao mais elevado.

---

82. Nas exposições que se seguem não se trata de "interpretações" dos sonhos, mas apenas de um resumo dos modos pelos quais a anima se apresenta.

O sonho 1 caracteriza a anima como um ser natural élfico, isto é, apenas parcialmente humano. Pode também ser um pássaro, isto é, pertencer inteiramente à natureza e desaparecer de novo (tornar-se inconsciente) da esfera humana (da consciência). [371]

O sonho 2 esboça a desconhecida como uma figura mítica no além (isto é, no inconsciente). Ela é *sorar* ou *filia mystica* de um hierofante ou "filósofo", portanto, é evidentemente um paralelo em relação àquelas sizígias místicas tais como as encontramos nas figuras de Simão Mago e Helena, Zósimo e Teosebeia, Comário e Cleópatra etc. A nossa figura onírica é mais próxima à de Helena. Uma descrição admirável da psicologia da anima, sob a forma de uma mulher, pode ser encontrada em Erskiner (*Helena de Troia*). [372]

O sonho 3 apresenta o mesmo tema, porém em um plano mais semelhante ao do conto de fadas. Aqui a anima é caracterizada como um ser fantasmagórico. [373]

O sonho 4 desloca a anima para a proximidade da Mãe de Deus. O filho, porém, corresponde à especulação mística acerca da serpente redentora e da natureza ígnea do Salvador. [374]

No sonho 5 a anima, num plano romanesco, é a "mulher elegante", fascinante, mas que tem a ver com espíritos. [375]

Nos sonhos 6 e 7 aparecem variações teriomórficas da figura. A identidade é nitidamente reconhecida pelo sonhador, pela voz e pelo conteúdo do que é dito. A anima "por acaso" assumiu a forma de serpente, tal como já ocorrera no sonho 1, em que a forma humana se transformou na de um pássaro, com a maior facilidade. Como serpente, ela aparece negativamente e como pássaro, positivamente. [376]

O sonho 8 mostra um confronto do sonhador com a anima. Isto acontece num plano alto, acima da terra (isto é, da realidade humana). Obviamente, se trata aqui de uma fascinação perigosa pela anima. [377]

[378] O sonho 9 significa uma queda profunda da anima a uma posição extremamente "subordinada" em que o último vestígio de fascínio se evaporou, permanecendo apenas algo lamentavelmente humano.

[379] O sonho 10 mostra a dupla natureza paradoxal da anima. Por um lado, a mediocridade banal e, por outro, uma divindade olímpica.

[380] O sonho 11 restaura a anima na Igreja Cristã, não porém como um ícone, mas como o próprio altar. Este é o lugar do sacrifício e, ao mesmo tempo, receptáculo das relíquias consagradas.

[381] A fim de esclarecer um pouco todas essas relações da figura da anima seria necessária uma investigação especial e extensiva, o que, no entanto, não será feito aqui, porquanto, como já dissemos, a anima só tem um significado indireto na interpretação da figura da Core. Apresentei esta série de sonhos para dar ao leitor uma noção do material empírico no qual se baseia a ideia da anima[83]. Desta série e de outras semelhantes resulta um quadro médio daquele fator que desempenha um papel tão importante na psique masculina e que o pressuposto ingênuo identifica invariavelmente com certas mulheres, atribuindo-lhes todas as ilusões tão abundantes no eros masculino.

[382] Parece claro que a anima do homem encontrou um terreno fértil para a projeção no culto de Deméter. A Core de destino subterrâneo, a mãe de dupla face e as relações de ambas com aspectos teriomórficos ofereceram à anima uma ampla possibilidade de refletir-se de modo ofuscante e ambivalente no culto eleusino ou, mais ainda, de ser vivencia-

---

83. Remeto ao meu ensaio *O arquétipo com referência especial ao conceito de anima* [capítulo III deste volume].

da nele; o iniciado se preenche com a essência do aspecto da anima transcendente, beneficiando-se de um modo permanente. As vivências da anima são para o homem duradouras e do maior significado.

O mito Deméter-Core é demasiado feminino para ser resultado simplesmente de uma projeção da anima. Embora a anima possa ser vivenciada em Deméter-Core, ela mesma é de natureza completamente diversa. É *femme à homme* no mais alto grau, ao passo que Deméter-Core representa a esfera vivencial de mãe-filha, estranha ao homem e que também o exclui. A psicologia do culto de Deméter traz de fato todos os passos de uma ordem social de cunho matriarcal, na qual o homem é um fator realmente imprescindível, mas perturbador.

[383]

A sombra e a sizígia[84]

[13] Os conteúdos do inconsciente pessoal são aquisições da existência individual, ao passo que os conteúdos do inconsciente coletivo são *arquétipos* que existem sempre e *a priori*. Em outra obra tratei da relação existente entre estes últimos e os instintos[85]. Empiricamente, os arquétipos que se caracterizam mais nitidamente são aqueles que mais frequentemente e intensamente influenciam ou perturbam o eu. São eles a *sombra*, a *anima* e o *animus*[86]. A figura mais facilmente acessível à experiência é a sombra, pois é possível ter um conhecimento bastante aprofundado de sua natureza. Uma exceção a esta regra é constituída apenas por aqueles casos, bastante raros, em que as qualidades da personalidade foram reprimidas e o eu, consequentemente, desempenha um papel negativo, isto é, desfavorável.

[14] A sombra constitui um problema de ordem moral que desafia a personalidade do eu como um todo, pois ninguém é capaz de tomar consciência desta realidade sem dispender energias morais. Mas nesta tomada de consciência da sombra

---

84. Excertos retirados de C.G. Jung. *Aion – Estudo sobre o simbolismo do si-mesmo* [OC, 9/2] – 8. ed. Petrópolis: Vozes, 2011, § 13-42, tradução de Dom Mateus Ramalho Rocha, O.S.B.

85. *Instinkt und Unbewusstes* – Der Geist der Psychologie.

86. O conteúdo deste e do próximo capítulo foram tirados de uma conferência que fiz em Zurique, no ano de 1948, na Schweizerischen Gesellschaft für Praktische Psychologie (Sociedade Suíça de Psicologia Prática). Foi publicado no periódico *Wiener Zeitschrift für Nervenheilkunde und deren Grenzgebiete*, I/4 (1948).

trata-se de reconhecer os aspectos obscuros da personalidade, tais como existem na realidade. Este ato é a base indispensável para qualquer tipo de autoconhecimento e, por isso, em geral, ele se defronta com considerável resistência. Enquanto, por um lado, o autoconhecimento é um expediente terapêutico, por outro implica, muitas vezes, um trabalho árduo que pode se estender por um largo espaço de tempo.

[15] Uma pesquisa mais acurada dos traços obscuros do caráter, isto é, das inferioridades do indivíduo que constituem a sombra, mostra-nos que esses traços possuem uma natureza emocional, uma certa autonomia e, consequentemente, são de tipo obsessivo, ou melhor, possessivo. A emoção, com efeito, não é uma atividade, mas um evento que sucede a um indivíduo. Os afetos, em geral, ocorrem sempre que os ajustamentos são mínimos e revelam, ao mesmo tempo, as causas da redução desses ajustamentos, isto é, revelam uma certa inferioridade e a existência de um nível baixo da personalidade. Nesta faixa mais profunda o indivíduo se comporta, relativamente às suas emoções quase ou inteiramente descontroladas, mais ou menos como o primitivo que não só é vítima abúlica de seus afetos, mas principalmente revela uma incapacidade considerável de julgamento moral.

[16] Com compreensão e boa vontade, a sombra pode ser integrada de algum modo na personalidade, enquanto certos traços, como sabemos pela experiência, opõem obstinada resistência ao controle moral, escapando portanto a qualquer influência. De modo geral, estas resistências ligam-se a projeções que não podem ser reconhecidas como tais e cujo conhecimento implica um esforço moral que ultrapassa os limites habituais do indivíduo. Os traços característicos da sombra podem ser reconhecidos, sem maior dificuldade, como qualidades pertinentes à personalidade, mas tanto a compreensão como a vontade falham, pois a causa da emo-

ção parece provir, sem dúvida alguma, de outra pessoa. Talvez o observador objetivo perceba claramente que se trata de projeções. Mas há pouca esperança de que o sujeito delas tome consciência. Deve admitir-se, porém, que às vezes é possível haver engano ao pretender-se separar projeções de caráter nitidamente emocional, do objeto.

[17]   Suponhamos agora que um determinado indivíduo não revele tendência alguma para tomar consciência de suas projeções. Neste caso, o fator gerador de projeções tem livre-curso para agir, e, se tiver algum objetivo, poderá realizá-lo ou provocar o estado subsequente que caracteriza sua atividade. Como se sabe, não é o sujeito que projeta, mas o inconsciente. *Por isso não se cria a projeção: ela já existe de antemão.* A consequência da projeção é um *isolamento do sujeito* em relação ao mundo exterior, pois ao invés de uma relação real o que existe é uma relação ilusória. As projeções transformam o mundo externo na concepção própria, mas desconhecida. Por isso, no fundo, as projeções levam a um estado de autoerotismo ou autismo, em que se sonha com um mundo cuja realidade é inatingível. O *sentiment d'incomplétude* (sentimento de incompletude) que daí resulta, bem como a sensação mais incômoda ainda de esterilidade, são explicados de novo, como maldade do mundo ambiente e, como este círculo vicioso, se acentua ainda mais o isolamento. Quanto mais projeções se interpõem entre o sujeito e o mundo exterior tanto mais difícil se torna para o eu perceber suas ilusões. Um paciente de 45 anos de idade, que sofria de uma neurose compulsiva desde os 20 anos e se isola completamente do mundo, em consequência dela, dizia-me: "Não posso admitir o fato de que desperdicei os melhores 25 anos da minha existência!"

[18]   Muitas vezes é trágico ver como uma pessoa estraga de modo evidente a própria vida e a dos outros, e como é

incapaz de perceber até que ponto essa tragédia parte dela e é alimentada progressivamente por ela mesma. Não é a sua consciência que o faz, pois esta lamenta e amaldiçoa o mundo desleal que dela se afasta cada vez mais. Pelo contrário, é um fator inconsciente que trama as ilusões que encobrem o mundo e o próprio sujeito. Na realidade, o objetivo desta trama é um casulo em que o indivíduo acabará por se envolver.

Seria lógico admitir que essas projeções, que nunca ou somente com muita dificuldade podem se desfazer, pertencem à esfera da sombra, isto é, ao lado obscuro da própria personalidade. Entretanto, esta hipótese é impossível, sob certo ponto de vista, na medida em que os símbolos que afloram nesses casos não se referem ao mesmo sexo, mas ao sexo oposto: no homem, à mulher, e vice-versa. Como fonte de projeções, portanto, figura não mais a sombra do mesmo sexo, e sim a do sexo oposto. É aqui que deparamos com o *animus* da mulher e a *anima* do homem, que são correlativos e cuja autonomia e caráter inconsciente explicam a pertinácia de suas projeções. A sombra é, em não menor grau, um tema conhecido da mitologia; mas como representa, antes e acima de tudo, o inconsciente pessoal, podendo por isso atingir a consciência sem dificuldades no que se refere a seus conteúdos, além de poder ser percebida e visualizada, diferencia-se, pois, do *animus* e da *anima*, que se acham bastante afastados da consciência: este o motivo pelo qual dificilmente, ou nunca, eles podem ser percebidos em circunstâncias normais. Não é difícil, com um certo grau de autocrítica, perceber a própria sombra, pois ela é de natureza pessoal. Mas sempre que tratamos dela como arquétipo, defrontamo-nos com as mesmas dificuldades constatadas em relação ao *animus* e à *anima*. Em outras pa-

[19]

lavras: é bem possível que o indivíduo reconheça o aspecto relativamente mau de sua natureza, mas defrontar-se com o absolutamente mau representa uma experiência ao mesmo tempo rara e perturbadora.

III
Sizígia: *anima* e *animus*

[20] Mas que fator projetante é este? O Oriente dá-lhe o nome de "tecedeira"[87] ou maia, isto é, a dançarina geradora de ilusões. Se não soubéssemos disto há bastante tempo mediante os sonhos, esta interpretação nos colocaria na pista certa: aquilo que encobre, que enlaça e absorve, aponta inelutavelmente para a *mãe*[88], isto é, para a relação do filho com a mãe real, com a *imagem* desta, e com a mulher que deve tornar-se mãe para ele. Seu *eros* é passivo, como é o de uma criança: ele espera ser captado, sugado, velado e tragado. Ele procura, de certo modo, a órbita protetora e nutridora da mãe, a condição de criança de peito, distanciada de qualquer preocupação com a vida e na qual o mundo exterior lhe vem ao encontro e até mesmo lhe impõe sua felicidade. Por isso, não é de espantar que o mundo real se lhe retraia.

[21] Se dramatizarmos este estado, como o inconsciente em geral o faz, o que vemos no proscênio psicológico é alguém que vive para trás, procurando a infância e a mãe, e fugindo do mundo mau e frio que não quer compreendê-lo de modo

---

87. ROUSSELLE. *Seelische Führung im lebenden, Taoismus.* Quadro I, p. 150, 170: Rousselle denomina a tecelã de "alma animal". Há um provérbio que diz: "A tecelã coloca o tear em movimento" (op. cit.). Por minha parte, defini a *anima* como sendo uma personificação do inconsciente.

88. O termo "mãe", tanto aqui como no que se segue, não é empregado no sentido literal, mas como símbolo de tudo o que atua como "mãe".

algum. Não poucas vezes se vê, ao lado do filho, uma mãe que parece não ter a mínima preocupação que o filho se torne um homem adulto, e cuida de tudo com infatigável devotamento e nada omite ou negligencia do que possa impedir o filho de tornar-se homem e casar-se. Observa-se o conluio secreto entre a mãe e o filho, e o modo pelo qual a primeira ajuda o segundo a mentir perante a vida.

De que lado está a culpa? Do lado da mãe ou do filho? Provavelmente de ambas as partes. É preciso levar a sério o irrealizado anseio que o filho sente de viver e amar o mundo. Ele gostaria de tocar o real com as mãos, de abraçar a terra, fecundar o campo do mundo. Mas apenas é capaz de impulsos impacientes, pois a secreta recordação de que pode receber de presente o mundo e a felicidade – isto é, da parte da mãe – paralisa suas forças propulsoras e sua perseverança. O pedaço de mundo com o qual se encontra, como acontece com toda criatura humana, jamais é de todo verdadeiro, pois não se entrega a ele nem lhe é benevolente; comporta-se asperamente e quer ser conquistado, e só se submete ao que é forte. Reclama a virilidade do homem, seu entusiasmo e sobretudo sua coragem e seu poder de decisão, que tornasse capaz de um empenho total. Para isto seria necessário um eros desleal, que o fizesse esquecer a mãe e submeter-se à pena de abandonar a primeira amada de sua vida. Antevendo esta aventura inquietante e perigosa, a mãe ensinou-lhe cuidadosamente a praticar as virtudes da fidelidade, da dedicação e da lealdade, a fim de preservá-lo do dilaceramento moral que está ligado à aventura da vida. Ele aprendeu muito bem a lição, e permanece fiel à mãe talvez de forma preocupante para ela (quando se revela, por exemplo, seu caráter homossexual, em homenagem a ela), mas, ao mesmo tempo, também para sua satisfação inconsciente e mítica. De fato, com esta última relação se concretiza o

[22]

arquétipo ao mesmo tempo antiquíssimo e sacrossanto do conúbio entre mãe e filho. Que tem a realidade banal a oferecer, enfim, com seus registros civis, seus salários mensais, com suas contas de aluguel etc., que pudesse contrabalançar os místicos estremecimentos do hierógamos, a mulher coroada de estrelas que o dragão persegue e as piedosas incertezas que envolvem as núpcias do cordeiro?

[23] A este nível do mito, que é provavelmente o que melhor expressa a natureza do inconsciente coletivo, a mãe é, simultaneamente, velha e jovem. Deméter e Perséfone (Prosérpina), e o filho é, ao mesmo tempo, esposo e criança adormecida de peito num estágio de indescritível plenitude, com a qual nem de longe se podem comparar as imperfeições da vida real, os esforços e as fadigas empregados no processo de adaptação, bem como o sofrimento causado pelas inúmeras decepções com a realidade.

[24] No filho, o fator que forma as projeções é idêntico à *imago materna* e por isto esta última é tomada como sendo a verdadeira mãe. A projeção só pode ser desfeita quando o filho percebe que há uma imago da mãe no âmbito de sua psique, e não só uma imago da mãe, como também da filha, da irmã e da amada, da deusa celeste e da Baubo ctônica universalmente presente como imagem sem idade, e que toda mãe e toda amada é, ao mesmo tempo, a portadora e geradora desses reflexos profundamente inerentes à natureza do homem. Ela lhe pertence, esta imago da mulher: É a fidelidade, que nem sempre deve guardar em determinadas circunstâncias, por causa da própria vida. É a compensação absolutamente necessária para os riscos, as fadigas e os sacrifícios da existência, que terminam em decepções e desenganos. É o consolo que compensa as agruras da vida, mas é também, apesar de tudo, a grande sedutora, geradora de ilusões em relação a esta mesma existência, ou melhor,

em relação não só a seus aspectos racionais e utilitários, por exemplo, como também a seus paradoxos e às suas ambiguidades terríveis, em que contrabalançam o bem e o mal, o êxito e os fracassos, a esperança e o desespero. Sendo o seu maior perigo, ela exige o máximo do homem e, quando há alguém capaz disto, ela efetivamente o recebe.

[25] Esta imagem é "a Senhora Alma", como a denominou Spitteler. Propus o termo *anima*, porque o mesmo deve designar algo de específico para o qual o vocábulo "alma" é demasiadamente geral e vago. O fato que se exprime no conceito de anima é um conteúdo sumamente dramático do inconsciente. Podemos descrevê-lo em linguagem racional e científica, mas nem de longe exprimiríamos seu caráter vital. Por isso prefiro, de modo consciente e intencional, as intuições e maneiras de exprimir intuitivas e dramáticas da mitologia porque, tendo em vista o seu objeto, isto é, os fatos anímicos e vitais, tal procedimento não é só muito mais expressivo, como também mais preciso do que a linguagem científica abstrata que muitas vezes corteja a opinião segundo a qual suas intuições poderiam ser substituídas por equações algébricas.

[26] O fator determinante das projeções é a *anima*, isto é, o inconsciente representado pela *anima*. Onde quer que se manifeste: nos sonhos, nas visões e fantasias, ela aparece *personificada*, mostrando deste modo que o fator subjacente a ela possui todas as qualidades características de um ser feminino[89]. Não se trata de uma invenção da consciência; é uma produção espontânea do inconsciente. Também não se

---

89. Obviamente ela surge como figura típica nas belas-letras. As publicações mais recentes a este respeito são: FIERZ-DAVID, L. *Der Liebestraum des Poliphilo*; • JUNG. *Die Psychologie der Übertragung*. É no humanista Ricardo Vito, do século XV, que se encontra, pela primeira vez, a *anima* como ideia psicológica (em: *Aelia Laelia Crispis epitaphium*). Cf. JUNG. *Das Rätsel Von Bologna*.

trata de uma figura substitutiva da mãe. Pelo contrário: temos a impressão de que as qualidades numinosas que tornam a imagem materna tão poderosa originam-se do arquétipo coletivo de *anima* que se encarna de novo em cada criança do sexo masculino.

[27]   Como, porém, a *anima* é um arquétipo que se manifesta no homem, é de supor-se que na mulher há um correlato, porque do mesmo modo que o homem é compensado pelo feminino, assim também a mulher o é pelo masculino. Com esta definição não pretendo, porém, suscitar a ideia de que tal relação compensadora foi obtida por dedução. Pelo contrário, foram necessárias numerosas e demoradas experiências para captar empiricamente a natureza da *anima* e do *animus*. Por isso, tudo quanto dissermos a respeito destes dois arquétipos, demonstrá-lo-emos diretamente por meio de fatos concretos, ou apresentá-lo-emos pelo menos de maneira plausível. Na realidade, tenho plena consciência, quanto a este ponto, de que se trata de um trabalho pioneiro que deve contentar-se com seu caráter provisório.

[28]   Assim como a mãe parece ser o primeiro receptáculo do fator determinante de projeções relativamente ao filho, assim também o é o *pai* em relação à filha. A experiência de tais relações é constituída, na prática, de numerosos casos individuais que representam todas as variantes possíveis do mesmo tema fundamental. Por isso, uma descrição condensada dela só é possível de maneira esquemática.

[29]   A mulher é compensada por uma natureza masculina, e por isso o seu inconsciente tem, por assim dizer, um sinal masculino. Em comparação com o homem, isto indica uma diferença considerável. Correlativamente, designei o fator determinante de projeções presente na mulher com o nome de *animus*. Este vocábulo significa razão ou espíri-

to. Como a *anima* corresponde ao Eros materno, o *animus* corresponde ao Logos paterno. Longe de mim querer dar uma definição por demais específica destes conceitos intuitivos. Uso os termos "Eros" e "Logos" meramente como meios nocionais que auxiliam a descrever o fato de que o consciente da mulher é caracterizado mais pela vinculação ao Eros do que pelo caráter diferenciador e cognitivo do Logos. No homem, o Eros, que é a função de relacionamento, em geral aparece menos desenvolvido do que o Logos. Na mulher, pelo contrário, o Eros é expressão de sua natureza real, enquanto que o Logos muitas vezes constitui um incidente deplorável. Ele provoca mal-entendidos e interpretações aborrecidas no âmbito da família e dos amigos, porque é constituído de opiniões e não de reflexões. Refiro-me a suposições aprioristicas acompanhadas de pretensões, por assim dizer, a verdades absolutas. Como todos sabemos, tais pretensões provocam irritação. Como o *animus* tem tendência a argumentar, é nas discussões obstinadas em que mais se faz notar a sua presença. Por certo é possível que haja também muitos homens que argumentem de maneira bem feminina, naqueles casos, por exemplo, em que são predominantemente possuídos pela *anima*, razão pela qual se transmudam no *animus* de sua *anima*. Para eles o que interessa sobretudo é a *vaidade* e a *sensibilidade* pessoais. Para as mulheres, ao contrário, o que importa é o *poder* da verdade ou da justiça ou qualquer outra coisa abstrata, pois as costureiras e os cabeleireiros já cuidaram de sua vaidade. O pai (= a soma das opiniões tradicionais) desempenha um grande papel na argumentação da mulher. Por mais amável e solícito que seja o seu Eros, ela não cede a nenhuma lógica da terra, quando nela cavalga o *animus*. Em inúmeros casos o homem tem a impressão (e não é de todo sem fundamento!) de que só a sedução, o espancamento ou a violentação podem ainda con"vencê-la". Ele não percebe que esta situação sumamente dramática não demorará muito a ter um fim banal, sem atrativos, se ele abandonar o campo da luta e deixá-lo entregue a outra mulher, ou mesmo à sua própria, para a continuação da pendência. Mas só raramente, ou talvez nunca, lhe ocorrerá esta ideia salutar, pois homem algum é capaz de se entreter com um *animus*, pelo mais breve espaço de tempo que seja, sem sucumbir imediatamente a sua *anima*. Quem, neste caso, possuísse o senso de humor para escutar a conversa, talvez ficasse espantadíssimo com a imensa quantidade de lugares-comuns, de banalidades usadas a torto e a direito, frases de jornais e romances, coisas velhas e batidas de todas as espécies, além de insultos ordinários e ilogicismos desnorteadores. É uma conversa que se repete milhares de vezes em todas as línguas da terra, sem nenhuma preocupação com os interlocutores, e que permanece substancialmente sempre a mesma.

[30] Este fato, aparentemente estranho, se deve à seguinte circunstância: todas as vezes que o *animus* e a *anima* se encontra, o *animus* lança mão da espada de seu poder e a *anima* asperge o veneno de suas ilusões e seduções. Mas o resultado nem sempre será necessariamente negativo, pois há também a grande possibilidade de que os dois se apaixonem um pelo outro (numa espécie de amor à primeira vista!). Mas a linguagem do amor é de espantosa uniformidade, e em geral se utiliza de formas populares, acompanhadas da maior dedicação e fidelidade, o que faz com que os dois parceiros se encontrem mais uma vez numa situação banal e coletiva. Eles, entretanto, se armam, na ilusão de estarem se relacionando do modo mais individual possível.

[31] Seja do ponto de vista positivo como negativo, a relação *anima-animus* é sempre "animosa", isto é, emocional, e por isso mesmo coletiva. Os afetos rebaixam o nível da

relação e o aproximam da base instintiva, universal, que já não contém mais nada de individual. Por isso acontece não raras vezes que a relação se dá por sobre a cabeça dos seus representantes humanos, que posteriormente nem mesmo percebem o que aconteceu.

Enquanto no homem o ofuscamento animoso é sobretudo de caráter sentimental e caracterizado pelo ressentimento, na mulher ele se expressa através de conceitos, interpretações, opiniões, insinuações e construções defeituosas, que têm, sem exceção, como finalidade ou mesmo como resultado a ruptura da relação entre suas pessoas. A mulher, do mesmo modo que o homem, é envolvida pelo seu *familiaris sinistro* e, como filha, que é a única a compreender o pai e tem eternamente razão, é transportada para o país das ovelhas onde se deixa apascentar pelo seu pastor de almas, isto é, pelo *animus*. [32]

Do mesmo modo que a *anima*, assim também o *animus* tem um aspecto positivo. Sob a forma do pai expressam-se não somente opiniões tradicionais como também aquilo que se chama "espírito" e de modo particular certas concepções filosóficas e religiosas universais, ou seja, aquela atitude que resulta de tais convicções. Assim o *animus* é também um *psychopompos*, isto é, um intermediário entre a consciência e o inconsciente, e uma personificação do inconsciente. Da mesma forma que a *anima* se transforma em um Eros da consciência, mediante a integração, assim também o *animus* se transforma em um Logos; da mesma forma que a *anima* imprime uma relação e uma polaridade na consciência do homem, assim também o *animus* confere um caráter meditativo, uma capacidade de reflexão e conhecimento à consciência feminina. [33]

Em princípio, a ação da *anima* e a ação do *animus* sobre o eu são idênticas. É difícil eliminá-las, primeiro porque [34] são bastante poderosas e enchem imediatamente a personalidade do sentimento inabalável de que ela está de posse da justiça e da verdade e em segundo lugar porque sua origem foi projetada, e parece fundada consideravelmente em objetos e situações objetivas. Sinto-me propenso a atribuir as duas características desta ação às qualidades do arquétipo em geral. De fato, o arquétipo existe *a priori*. E partindo deste fato, é possível explicar a existência indiscutida e indiscutível, muitas vezes totalmente irracional, de certos caprichos e opiniões. A notória rigidez destas opiniões se explica, no fundo, pelo fato de que uma forte ação sugestiva promana do arquétipo. Este fascina a consciência e a mantém hipnoticamente prisioneira. Muitas vezes o eu, nessas circunstâncias, tem uma ligeira sensação de haver sofrido uma derrota moral e se comporta de maneira ainda mais renitente, orgulhosa e obstinada em suas posições, aumentando seu sentimento de inferioridade, num círculo vicioso. Com isto ele priva a relação humana de uma base sólida, pois não só a megalomania como também o sentimento de inferioridade impossibilitam qualquer reconhecimento, muito sem o qual não há relacionamento algum.

[35] Como lembrei acima, não é difícil perceber a sombra como *anima* ou *animus*. No primeiro caso, temos a vantagem de uma certa preparação mediante a educação que sempre procurou convencer os homens de que eles não são feitos de ouro 100% puro. Por isso, qualquer um entende facilmente e sem demora o que os termos "sombra", "personalidade inferior" e outros semelhantes significam. Se ainda não o sabe, um sermão dominical, sua própria mulher ou a comissão de cobrança de impostos poderão encarregar-se de refrescar-lhe a memória. Mas com o *animus* e a *anima* as coisas não se passam assim tão facilmente: em primeiro lugar, não há educação moral a este respeito, e, em segundo

lugar, é muito frequente que os indivíduos se satisfaçam em ter razão, preferindo injuriar-se mutuamente (ou pior ainda!), a reconhecer a projeção. Parece, pelo contrário, algo muito natural que os homens tenham caprichos irracionais e as mulheres, opiniões igualmente irracionais. Isto deve ser atribuído provavelmente a motivos de ordem instintiva, e por isso é necessário ser como se é, porque justamente deste modo se garante o jogo empedocleano do *neikos* (ódio) e da *philia* (amor) dos elementos, pelos séculos afora. A natureza é conservadora e não se altera facilmente em seus domínios. O *animus* e a *anima* constituem parte de um domínio especial da natureza, que defende sua inviolabilidade com o máximo de obstinação. Por isso, é muito mais difícil conscientizar-se das próprias projeções do par *animus-anima* do que reconhecer seu lado sombrio. Neste último caso, é necessário vencer certas resistências morais como a vaidade, a cobiça, a presunção, os ressentimentos etc., ao passo que no primeiro caso devem ser acrescentadas dificuldades de ordem puramente racional, sem falar dos conteúdos da projeção, os quais já não se sabe como classificar. Por isso, apresenta-se ainda uma dúvida, e esta muito mais profunda, ou seja, a de saber se não estamos nos intrometendo no domínio próprio da natureza, tornando-nos conscientes de coisas que, no fundo, melhor seria deixar adormecidas.

[36] Embora eu saiba, por experiência, que há um certo número de pessoas que podem compreender sem grandes dificuldades no plano intelectual e moral o que se entende pelos termos *animus* e *anima*, ainda assim encontramos outras que não se dão ao trabalho de pensar que por trás destes conceitos existe algo de intuitivo. Isto nos mostra que, com tais conceitos, nos situamos um pouco à margem da esfera do normal. Eles não são populares, justamente porque nos parecem pouco familiares. O resultado é que mobilizam

preconceitos que os transformam em tabus, como sempre tem acontecido com tudo o que é insólito.

[37] Ora, ao estabelecermos quase como exigência a necessidade de desfazer as projeções, porque é mais salutar e, sob todos os aspectos, mais vantajoso, começamos a trilhar um terreno inexplorado e desconhecido. Todos nós, até agora, estávamos convencidos de que a representação de "meu pai", de "minha mãe" etc., nada mais era do que a imagem do verdadeiro pai etc., em tudo conforme ao original, de sorte que, quando alguém diz "meu pai", não pensa senão naquele que é real e verdadeiramente seu pai. Ele pensa realmente que assim é, mas um ato de pensar, em si, está longe de efetuar a identidade. Neste ponto o sofisma do *enkekalymmenos* (do encoberto) está correto[90]: se incluirmos no cômputo psicológico a imagem que F. tem a respeito de seu pai, e que ele considera seu verdadeiro pai, o resultado será falso, porque a expressão introduzida na equação não confere com a realidade. F. ignora que a representação de uma pessoa é constituída, primeiramente, pela imagem que ele recebe da verdadeira pessoa, e depois de uma outra imagem resultante da reelaboração subjetiva da primeira imagem, em si talvez já bastante falha. A representação que F. tem do pai é uma grandeza pela qual o verdadeiro pai é parcialmente responsável; e parte dela se deve ao filho, de tal modo que todas as vezes que critica ou elogia o pai, está inconscientemente atingindo a si mesmo, dando assim origem àquelas consequências psíquicas que surgem em todos os que por hábito se rebaixam ou se enaltecem a si mesmos.

---

90. Provém de Eubúlides de Mégara, e assim diz: És capaz de conhecer teu pai? Sim. És capaz de conhecer este encoberto? Não. Este encoberto é teu pai. És, portanto, capaz de conhecer e de não conhecer o teu pai ao mesmo tempo" (Segundo Diógenes Laércio. *De clarorum philosophorum vitis*, 2, 108s.).

Mas se F. comparar atentamente suas reações com a realidade, poderá observar que algo nele está errado, se é que já não percebeu há muito tempo, pelo comportamento do seu pai, que a ideia que formavam deste último é falsa. Em geral, pode estar convencido de que tem razão e de que, se alguém está errado, só pode ser o outro. Se o Eros de F. é pouco desenvolvido, a relação insatisfatória lhe é indiferente ou então se irrita com a incoerência e os outros aspectos incompreensíveis do pai, que jamais se comporta de acordo com a imagem que ele tem a seu respeito. Por isso, F. tem toda a razão de sentir-se ofendido, incompreendido e mesmo ludibriado.

É fácil imaginar o quanto se gostaria de desfazer as projeções num caso deste gênero. Por isso há sempre otimistas, convencidos de que é possível encaminhar o mundo para essa idade de ouro, bastando para isso dizer às pessoas onde se encontra o caminho certo que para lá conduz. Eles gostariam de tentar explicar-lhes, alguma vez, em casos como este, que seu comportamento se assemelha ao de um cachorro que persegue a própria cauda. Para que alguém tome consciência das falhas de sua posição, exige-se muito mais que um simples "dizer", pois aqui se trata de muito mais do que a razão comum pode permitir. Em outros termos: trata-se daqueles "equívocos" que determinam o destino dos indivíduos e que nunca percebemos em situações normais. Seria como se quiséssemos convencer um homem mediatamente comum de que é um delinquente. [38]

Mencionei todas estas coisas para ilustrar a que ordem de grandeza pertencem as projeções geradas pela *anima* e pelo *animus*, e que esforços morais e intelectuais são exigidos para desfazê-las. Ora, nem todos os conteúdos da *anima* e do *animus* estão projetados. Muitos deles afloram nos sonhos etc., e muitos outros podem alcançar a cons- [39]

ciência mediante a chamada imaginação ativa. Aqui aparece claramente como certas ideias, sentimentos e afetos que ninguém considerava possíveis, estão vivos dentro de nós. Quem nunca teve uma experiência desta natureza consigo mesmo acha naturalmente que tal possibilidade é absolutamente fantástica, pois uma pessoa normal "sabe muito bem o que pensa". Este caráter infantil do "homem normal" é a regra geral. Por isso não se pode esperar que uma pessoa que jamais teve esta experiência entenda realmente a natureza da *anima* e do *animus*. Tais reflexões levam-nos a um domínio inexplorado de experiências psíquicas, quando conseguimos realizá-las também na prática. Mas quem o consegue dificilmente deixará de ficar impressionado com tudo aquilo que o eu ignora, ou ignorava. Atualmente este acréscimo de conhecimentos ainda é uma grande raridade. Em geral, é pago antecipadamente com uma neurose, ou com algo ainda pior.

[40] A autonomia do inconsciente coletivo se expressa nas figuras da *anima* e do *animus*. Eles personificam os seus conteúdos, os quais podem ser integrados à consciência, depois de retirados da projeção. Neste sentido, constituem *funções* que transmitem conteúdos do inconsciente coletivo para a consciência. Aparecem os que se comportam como tais só na medida em que as tendências da consciência e do inconsciente não divergem em demasia. Mas se surge uma tensão, a função até então inofensiva se ergue, personificada, contra a consciência, comportando-se mais ou menos como uma cisão sistemática da personalidade ou como uma alma parcial. Mas esta comparação claudica a olhos vistos, porque nada daquilo que pertence à personalidade se acha separado dela. Pelo contrário: as duas formas constituem um acréscimo perturbador. A razão e a possibilidade de um tal comportamento residem no fato de que embora os conteúdos

da *anima* e do *animus* possam ser integrados, a própria *anima* e o próprio *animus* não o podem, porque são arquétipos; consequentemente, a pedra fundamental da totalidade psíquica que transcende as fronteiras da consciência jamais poderá constituir-se em objeto da consciência reflexa. As atuações da *anima* e do *animus* podem tornar-se conscientes, mas, em si, são fatores que transcendem o âmbito da consciência, escapando à observação direta e ao arbítrio do indivíduo. Por isso ficam autônomos, apesar da integração de seus conteúdos, razão pela qual não se deve perdê-los de vista. Tal fato é de suma importância, sob o ponto de vista terapêutico, porque, mediante uma observação continuada, paga-se ao inconsciente um tributo que assegura mais ou menos a sua cooperação. Como se sabe, o inconsciente, por assim dizer, não se deixa "despachar" de uma vez por todas. Uma das tarefas mais importantes da higiene mental consiste em prestar continuamente uma certa atenção à sintomatologia dos conteúdos e processos inconscientes, uma vez que a consciência está continuamente exposta ao risco da unilateralidade, de entrar em trilhos ocupados e parar num beco sem saída. A função complementar ou compensadora do inconsciente faz, porém, com que estes perigos, muito grandes nas neuroses, possam ser evitados até certo ponto. Mas em situações ideais, isto é, quando a vida, bastante simples e inconsciente, ainda pode entrar sem hesitações e sem escrúpulos pelo caminho sinuoso dos instintos, a compensação atua com pleno êxito. Quanto mais civilizado, mais consciente e complicado for o homem, tanto menos ele será capaz de obedecer aos instintos. As complicadas situações de sua vida e as influências do meio ambiente se fazem sentir de maneira tão forte, que abafam a débil voz da natureza. Esta é substituída então por opiniões e crenças, teorias e tendências coletivas que reforçam os desvios da consciência. Em tais casos é necessário que a atenção se volte, intencionalmente, para o inconsciente. Por isso é de particular importância que não se pense nos arquétipos como em imagens fantásticas que passam rápidas e fugidias, mas como fatores permanentes e autônomos, coisas que o são na realidade.

[41] Mostra-nos a experiência que esses dois arquétipos têm um caráter fatal que atua, em determinados casos, de maneira trágica. Eles são, no verdadeiro sentido da palavra, o pai e a mãe de todas as grandes complicações do destino e, como tais, são conhecidos no mundo inteiro desde épocas imemoriais: trata-se do *par de deuses*[91], um dos quais, por causa de sua natureza de "Logos", é caracterizado pelo "Pneuma" e pelo "nous", como o Hermes de múltiplas facetas, enquanto a segunda é representada sob os traços de Afrodite, Helena (Selene), Perséfone e Hécate, por causa de sua natureza de "Eros". São potências inconscientes, ou precisamente deuses, como a Antiguidade muito "corretamente" os concebeu. Esta designação os aproxima, na escala dos valores psicológicos, daquela posição central em que eles, seja qual for o caso, sempre se situam, quer a consciência lhes reconheça este valor ou não, pois o seu poder aumenta de modo proporcional ao seu grau de inconsciência. Quem não os percebe, fica ao seu sabor, como essas epidemias de tifo que se alastram quando não se conhece a sua fonte in-

---

91. Com isto, evidentemente, não queremos dar uma definição psicológica e muito menos metafísica. Em *Die Beziehungen zwischen dem Ich und dem Unbewussten* (JUNG, C.G. *Dois estudos sobre Psicologia Analítica*. Petrópolis: Vozes, 2011, OC, 7) indiquei que este par se compõe, respectivamente, de três elementos, a saber: de um conjunto de qualidades femininas próprias do homem, e de qualidades masculinas próprias da mulher; da experiência que o homem tem com a mulher, e vice-versa; da imagem arquetípica feminina e masculina. O primeiro elemento pode ser integrado na personalidade, através do processo de conscientização, mas o último não.

fecciosa. Também no seio do cristianismo a sizígia de deuses não se tornou de forma alguma obsoleta. Pelo contrário: ela ocupa o ponto mais alto na figura de Cristo e da Igreja esposa[92]. Estes paralelos se revelam extremamente valiosos quando se trata de achar a medida exata do significado desses dois arquétipos. O que podemos descobrir inicialmente, a partir deles, é tão pouco claro, que dificilmente alcança os limites da visibilidade. Só quando lançamos um jato de luz nas profundezas obscuras e exploramos psicologicamente os caminhos estranhamente submersos do destino humano é que podemos perceber, pouco a pouco, como é grande a influência desses dois complementos da consciência.

Resumindo, gostaria de ressaltar que a integração da sombra, isto é, a tomada de consciência do inconsciente pessoal constitui a primeira etapa do processo analítico, etapa sem a qual é impossível qualquer conhecimento da *anima* e do *animus*. Só se pode conhecer a realidade da sombra, em face de um outro, e a do *animus* e da *anima*, mediante a relação com o sexo oposto, porque só nesta relação a projeção se torna eficaz. Este conhecimento dá origem, no homem, a uma tríade, um terço da qual é transcendente, ou seja: o sujeito masculino, o sujeito feminino, o seu contrário e a *anima* transcendente. Na mulher, dá-se o inverso. No homem, o quarto elemento que falta na tríade para chegar à totalidade é o arquétipo do velho sábio que aqui não tomo em consideração; na mulher é a mãe ctônica. Estes elementos formam uma quaternidade que é metade imanente e metade transcendente, ou seja, aquele arquétipo que deno-

[42]

---

92. Assim se lê na Segunda Carta de Clemente aos Coríntios 14,2: "Deus criou o homem masculino e feminino. O masculino é Cristo, e o feminino é a Igreja". Nas representações figurativas, muitas vezes Maria aparece em lugar da Igreja.

minei *quatérnio de matrimônios*[93]. Este quatérnio forma um esquema do *si-mesmo* e da estrutura social primitiva, isto é, do *cross-cousin-marriage* (casamento entre primos) e das classes de matrimônio e, consequentemente, também da divisão dos primitivos agrupamentos humanos em *quartiers* (quarteirões). O si-mesmo, por seu turno, é uma imagem divina, e não se pode distingui-lo desta última. A concepção cristã primitiva já sabia disto, pois senão um Clemente de Alexandria jamais teria podido dizer que aquele que conhece a si mesmo, conhece a Deus[94].

---

93. *Die Psychologie der Übertragung* (§ 425s.). Sobre este ponto, cf. adiante, o quatérnio naasseno.

94. Cf. § 347 deste volume.

Conecte-se conosco:

 facebook.com/editoravozes

 @editoravozes

 @editora_vozes

 youtube.com/editoravozes

 +55 24 2233-9033

www.vozes.com.br

Conheça nossas lojas:

www.livrariavozes.com.br

Belo Horizonte – Brasília – Campinas – Cuiabá – Curitiba
Fortaleza – Juiz de Fora – Petrópolis – Recife – São Paulo

EDITORA VOZES LTDA.
Rua Frei Luís, 100 – Centro – Cep 25689-900 – Petrópolis, RJ
Tel.: (24) 2233-9000 – E-mail: vendas@vozes.com.br